SHARON BOLLER
KARL KAPP

JOGAR PARA APRENDER

TUDO O QUE VOCÊ PRECISA SABER SOBRE O DESIGN DE JOGOS DE APRENDIZAGEM EFICAZES

São Paulo, 2018
www.dvseditora.com.br

Jogar para Aprender - Tudo o que você precisa saber sobre o design de jogos de aprendizagem eficazes

Copyright © DVS Editora 2018 - Todos os direitos para a língua portuguesa reservados pela editora.

Play to Learn - Everything you need to know about designing effective learning games

Copyright © 2017 ASTD DBA the Association for Talent Development (ATD).
All rights reserved.
Published by arrangement with the Association for Talent Development, Alexandria, Virginia USA.

Nenhuma parte deste livro poderá ser reproduzida, armazenada em sistema de recuperação, ou transmitida por qualquer meio, seja na forma eletrônica, mecânica, fotocopiada, gravada ou qualquer outra, sem a autorização por escrito do autor.

Capa: Desenho Editorial
Tradução: Sally Tilleli
Revisão: Alessandra Angelo
Diagramação: Schaeffer Editorial

Dados Internacionais de Catalogação na Publicação (CIP)
(Câmara Brasileira do Livro, SP, Brasil)

Boler, Sharon
    Jogar para Aprender : tudo o que você precisa saber sobre o design de jogos de aprendizagem eficazes /
Sharon Boler, Karl Kapp ; tradução Sally Tilelli. -- São Paulo : DVS Editora, 2018.

    Título original: Play to Learn
    ISBN 978-85-8289-195-7

    1. Aprendizagem 2. Instrução assistida por computador 3. Jogos educativos 4. Jogos por computador - Design
    I. Kapp, Karl. II. Tilelli, Sally. III. Título.

18-22019   CDD-371.337

Índices para catálogo sistemático:

1. Jogos pedagógicos : Educação   371.337

Iolanda Rodrigues Biode - Bibliotecária - CRB-8/10014

SHARON BOLLER
KARL KAPP

JOGAR PARA APRENDER

TUDO O QUE VOCÊ PRECISA SABER SOBRE O DESIGN DE JOGOS DE APRENDIZAGEM EFICAZES

Sumário

Prefácio 7

Parte 1 – Jogando para aprender mais sobre jogos 11
    1. Princípios básicos 13
    2. Jogando jogos de entretenimento 25
    3. Explorando jogos de aprendizagem 39

Parte 2 – Fazendo escolhas para o design de jogos de modo a sustentar o processo de aprendizagem 53
    4. Estabelecendo uma base adequada para seu jogo de aprendizagem . . 55
    5. Conectando a aprendizagem ao design do jogo 71
    6. Dois estudos de caso sobre design de jogos 93
    7. Conectando o escore aos objetivos de aprendizagem 101

Parte 3 – Colocando em ação o conhecimento sobre design de jogos 121
    8. Criando o primeiro protótipo 123
    9. Play-teste 137

Parte 4 – Desenvolvimento e implementação 155
    10. Considerações no desenvolvimento 157
    11. Implementando seu jogo 171
    12. Considerações finais 183

Apêndice 1. Ficha de avaliação de jogos de entretenimento 185

Apêndice 2: Gabarito da ficha de avaliação de jogos de entretenimento . . 187

Apêndice 3: Ficha de avaliação de jogos de aprendizagem 189

Apêndice 4: Gabarito da ficha de avaliação de jogos de aprendizagem . . . 191

Apêndice 5: Informação de base para documentação de design de jogos . 193

Apêndice 6: Feed the World: preparação e regras 195

Apêndice 7: Ficha de Play-teste para jogos de aprendizagem 199

Referências. 201

Agradecimentos. 203

Sobre os autores. 206

Prefácio

Incrível.

Essa foi a palavra usada há alguns anos por um jogador para descrever sua própria reação a um jogo de aprendizagem denominado *A Paycheck Away* (a um salário de distância, em tradução livre). Aliás, esse feedback capturou de maneira perfeita a "razão" de existência dos jogos de aprendizagem. A maioria de nós nunca ouviu nenhum de nossos alunos utilizar o adjetivo "incrível" para descrever sua reação a qualquer tipo de atividade de aprendizagem por nós desenvolvida. Entretanto, para esse estudante, o jogo que ele jogou claramente atingiu seu potencial: ele atraiu e manteve sua atenção, imergindo-o numa verdadeira experiência de aprendizagem.

Há extensos materiais de pesquisa que demonstram que, em comparação a abordagens expositivas, os jogos são bem mais eficientes para o processo de aprendizagem. Além disso, os jogos nos oferecem meios mais convincentes de ajudar as pessoas a aprender sobre estratégias, alocação de recursos e pensamento inovador. Eles também são capazes de ajudar as pessoas a compreenderem pontos de vista alternativos. Os jogos oferecem a cada indivíduo a oportunidade de vivenciar experiências de aprendizagem personalizadas, em que se possa escolher revisitar conteúdo ou adotar estratégias distintas em relação a outro colega de trabalho, mas, ainda assim, atingir o mesmo objetivo de aprendizagem. No âmbito mais simples da memorização, a repetição de conteúdos proporcionada pelos jogos pode nos ajudar a lembrar de informações-chave, como: dados sobre produtos, informações relacionadas ao setor, fases relativas a processos etc.

Se você está lendo este livro, é bem provável que já acredite que os jogos sejam ferramentas eficientes de aprendizagem. Assim, seu desafio está na execução dos jogos. E é justamente aí que *Jogar para Aprender* poderá ajudá-lo. Todavia, Design Instrucional e Design de Jogos são disciplinas diferentes. A maioria dos designers instrucionais e dos profissionais de treinamento não possui habilidades na área de design de jogos, tampouco conhecimentos sobre esse assunto, nem no que diz respeito à linguagem nem à estrutura. Assim, este livro irá auxiliá-lo na aquisição sistemática não apenas das informações necessárias sobre esse assunto, mas também de todas as habilidades de que irá precisar na área de construção de jogos de aprendizagem.

A metodologia e o processo cobertos em *Jogar para Aprender* são os que utilizamos e ensinamos a outras pessoas em workshops que já conduzimos nos últimos anos (**Figura I-1**). Na medida em que você lê este livro, verá que ele discorre sobre nove passos, devotando um capítulo para cada um deles. Nós apresentamos e oferecemos várias oportunidades para que você "trabalhe por conta própria" por meio de atividades que irão ajudá-lo a desenvolver suas habilidades no design de jogos de aprendizagem. No **Capítulo 1**, por exemplo, introduzimos algum vocabulário básico do mundo dos jogos, explicando o que é um jogo e apresentando a terminologia comum inerente ao seu design.

A partir do **Capítulos 2** e até o **Capítulo 5** serão apresentados os quatro passos do processo. Neles ensinaremos: 1) de que maneira você poderá jogar e avaliar jogos comerciais e de aprendizagem; 2) quais requisitos básicos de design instrucional você precisará obter antes de começar a desenhar um jogo; e 3) que componentes de design precisarão ser traçados. Já no **Capítulo 6** você terá acesso a estudos de caso envolvendo dois jogos de aprendizagem nos quais os designs instrucionais e do próprio jogo encontram-se isolados em partes.

A partir do **Capítulos 7** e até o **Capítulo 11** você será conduzido pelos demais passos do processo, e guiado em seu primeiro protótipo de jogo, até a colocação em uso de um jogo de aprendizagem. O **Capítulo 12** sumariza toda a experiência, e registra a melhor maneira de seguir em frente e criar jogos de aprendizagem.

Figura I-1 – O Processo de 9 Passos para o Design e Desenvolvimento de Jogos de Aprendizagem

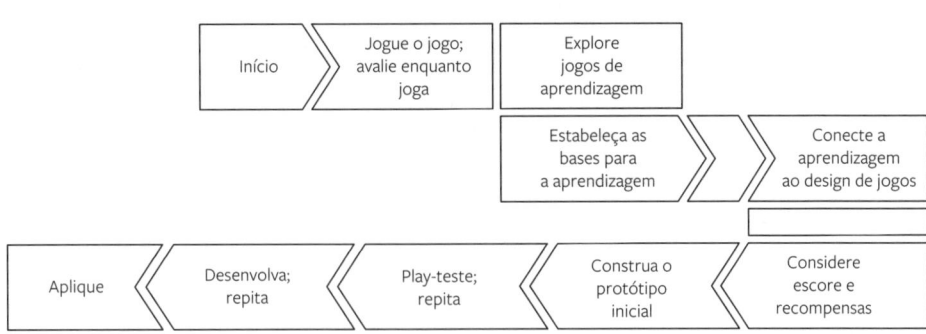

Muitos designers nos fazem a seguinte pergunta: "Quando eu devo usar jogos no processo de aprendizagem?" Armado com as habilidades que obtiver com a leitura deste livro, você poderá alterar essa pergunta para, "Que jogos eu deverei usar para esta situação específica de aprendizagem?" Afinal, depois dessa leitura você terá as habilidades necessárias não apenas para desenhar, mas para desenvolver jogos para todos os tipos de conteúdo e todas as situações, desde um simples jogo experimental até um jogo digital ou uma simulação de mesa, ambos bem mais complexos. Assim, você também será capaz de desenvolver uma experiência de aprendizagem que um jogador irá descrever como "incrível!".

Sharon Boller e Karl Kapp

PARTE 1

Jogando para aprender mais sobre jogos

CAPÍTULO 1

Princípios básicos

Neste capítulo
- *O que é um jogo?*
- *Qual é a diferença entre "brincar" e "jogar"?*
- *Que tipo de linguagem de jogos você precisa conhecer?*
- *Guru Game Play → Oportunidade*

O que é um jogo?
Esta parece uma pergunta simples, porém, quando se pensa um pouco mais a esse respeito, percebe-se que há muitas variações possíveis para o significado da palavra "jogo". Afinal, eles incluem desde atividades muito simples como jogo da velha e de cartas (como buraco ou pôquer) até os de tabuleiros (como *Monopoly* ou *Combate*), os de celular (como *Angry Birds*), os de console (como a série *Assassin's Creed*), além daqueles de maior escala e bem mais complicados, cujos mundos são gerados por computador, como o *World of Warcraft* ou o *EVE* on-line. De fato, os jogos envolvem até mesmo competições esportivas ao vivo, como o futebol ou o lacrosse.

Portanto, a pergunta "o que é um jogo?" não é assim tão simples de se responder. De fato, quando se cava um pouco mais fundo, todos os tipos de jogos acabam apresentando certos elementos em comum. Essas afinidades podem ser estudadas e utilizadas no desenho de um jogo de aprendizagem. Então, pare por um momento e escreva sua própria definição do termo "jogo".

Capítulo 1

A definição do termo "jogo" é:

E aí, como você se saiu? Sua definição incluiu o conceito de "diversão"? Ela incluiu a ideia de competição? De vencedores e perdedores? De regras e objetivos? Embora talvez não exista uma definição única que englobe todos os tipos de jogos, veja a seguir a que nós utilizamos:

Jogo é uma atividade que possui: um **objetivo**; um **desafio** (ou desafios); **regras** que definem como o objetivo deverá ser alcançado; **interatividade**, seja com outros jogadores ou com o próprio **ambiente do jogo** (ou com ambos); e **mecanismos de feedback**, que ofereçam pistas claras sobre quão bem (ou mal) o jogador está se saindo. Um jogo resulta numa **quantidade mensurável de resultados** (você ganha ou perde; você atinge o alvo, ou algo assim) que, em geral, promovem **uma reação emocional** nos jogadores.

Examinemos agora cada elemento apresentado em negrito para verificarmos de que maneira ele sustenta a ideia de jogo.

- **Objetivo:** uma diferença entre os termos brincadeira e jogo é a introdução do conceito de objetivo. Se um grupo de crianças está correndo durante todo o recreio, elas estão simplesmente brincando. Porém, a partir do momento em que uma dessas crianças diz: "Vamos correr até a árvore grande," essa brincadeira se transforma num jogo, pois um objetivo foi introduzido. Os objetivos fornecem um resultado claro e levam à delineação de uma sensação de completude. Ambos são elementos importantes em todos os tipos de jogos, em especial, nos jogos de aprendizagem.
- **Desafio:** o desafio poderia surgir no confronto com o outro jogador, no jogo propriamente dito ou na relação entre o jogador e seu próprio placar anterior. Vale lembrar que um jogo sem desafio poderá se

tornar chato. Porém, outro com desafio em excesso poderá se revelar frustrante. Assim, designers de jogos de aprendizagem devem procurar manter o equilíbrio entre garantir um grau de desafio e a possibilidade de os jogadores se saírem bem no jogo de maneira fácil e rápida.

- **Regras:** as regras representam a própria estrutura do jogo. São elas que estabelecem o espaço e garantem a todos os competidores chances iguais de alcançarem o sucesso. Designers de jogos de aprendizagem devem trabalhar no sentido de criar regras simples, fáceis de compreender e que contribuam para bons resultados em termos de aprendizagem.

- **Interatividade:** bons jogos oferecem muitas oportunidades para que os jogadores interajam com seus conteúdos, com outros jogadores e com as regras estabelecidas. Assim, aqueles em que prevalece a informação, em detrimento da "tomada de decisões" e da própria interação, logo se tornam cansativos. Quanto maior o nível de interatividade criado pelo jogo, mais engajados os jogadores se mostrarão e mais provável será seu aprendizado por meio do jogo.

- **Ambiente de jogo:** cada jogo de aprendizagem é um espaço delimitado. O espaço do jogo – a área na qual os jogadores o jogam – tem suas próprias regras, seus próprios desafios e suas normas sociais. Algumas pessoas chamam o espaço de jogo de "círculo mágico", uma vez que o design do jogo tipicamente inclui a criação de limitações na forma de regras, que só funcionam dentro daquele círculo. Considere por exemplo o *Pictionary* (ou *Imagem & Ação* no Brasil). Seria bem mais fácil jogá-lo se os jogadores pudessem simplesmente escrever a palavra que estão tentando transmitir, em vez de ter de desenhar a figura correspondente. Porém, o espaço do jogo não permite que a palavra seja escrita; apenas que a figura seja desenhada. Essa regra é específica desse jogo; na maioria das situações fora do *Pictionary*, se você precisar explicar um objeto para alguém, poderá simplesmente dizer o nome dele ou escrevê-lo. A limitação do *Pictionary* torna o jogo desafiador e cria um ambiente diferente de outros espaços sociais.

- **Mecanismos de feedback:** os jogos são ótimas ferramentas para o oferecimento de feedbacks, pois, em geral, os jogadores os recebem de maneira imediata. No jogo *Monopoly*, por exemplo, você pode verificar se está na frente ou atrás no placar simplesmente comparando o número de hotéis que possui em relação aos demais jogadores. O feedback é geralmente claro; os competidores com frequência compreendem sua colocação na partida e no placar geral. Isso também permite que os jogadores ajustem continuamente sua forma de jogar e suas ações. Feedback imediato e ajustes constantes são dois elementos que transformam os jogos em ótimas ferramentas de aprendizagem.

- **Resultados mensuráveis:** um jogo bem desenhado permite que os jogadores saibam, acima de qualquer dúvida, se eles chegaram ao fim e se ganharam. Há um placar definido, um método claro para sinalizar a passagem de níveis, assim como um meio claro de se identificar a vitória e o encerramento do jogo. De modo contrastante, uma brincadeira não apresenta nem linha de chegada nem término. Em vez disso, as pessoas simplesmente se cansam ou se sentem entediadas, então buscam outras atividades. Os jogos, por sua vez, têm um final, na medida em que os competidores se movimentam dentro do seu ambiente (do jogo) e atingem suas metas.
- **Reação emocional:** com frequência os jogos desencadeiam respostas emocionais nos jogadores, na medida em que estes trabalham nos desafios apresentados ou tentam atingir os objetivos do jogo. Os competidores podem experimentar momentos de diversão, frustração, excitação, raiva, entusiasmo, felicidade e contentamento. Designers de jogos de aprendizagem devem estar conscientes das emoções que esperam evocar e, ao mesmo tempo, certificar-se de não promover emoções indesejadas (como raiva ou frustração).

Veja que há um elemento faltando na definição acima: a **competição**. Isso porque, embora uma grande quantidade de jogos se utilize de competição, este não é um fator decisivo. Afinal, muitos jogos excelentes exigem de fato **cooperação**. Na verdade, quando se fala em jogo, o entendimento de muita gente é de que o conceito envolve "uma pessoa ou equipe competindo contra outra". Todavia, jogos como *A Ilha Proibida e Pandemia* exigem colaboração. E, com frequência, no que se refere a design para jogos de aprendizagem no ambiente de trabalho, os conceitos de cooperação e trabalho em equipe se revelam bem mais apropriados que o de competição.

Aprendendo o vocabulário dos jogos

Aprender o vocabulário no campo de design de jogos irá ajudá-lo a comunicar-se com sua equipe a respeito do seu próprio projeto nessa área, pois todos se utilizarão dos mesmos jargões para expressar suas ideias. Esse conhecimento também permitirá que você se comunique com fornecedores e com pessoas de outras áreas nesse setor, que também se utilizam de termos e conceitos relacionados ao design e desenvolvimento de jogos, em especial se precisar da ajuda delas em seu projeto. Por fim, aprender esse vocabulário irá ajudá-lo quando tiver a oportunidade de ler outros livros e/ou artigos relacionados ao design de jogos, pois essa terminologia é comum nessa área.

A meta do jogo

A meta de um jogo é o estado de vitória. É qualquer conquista ou atividade que encerre o próprio jogo. Sem uma meta não haveria jogo. Numa corrida, por exemplo, a meta é "ser o primeiro a cruzar a linha de chegada". Já no *Monopoly*, a meta é "terminar a partida com o maior número de imóveis e mais dinheiro no bolso". No jogo *Risk* (ou *War* no Brasil), é "o domínio do mundo".

Dinâmica central

A dinâmica central se refere àquilo que os jogadores precisam fazer para alcançar o estado de vitória ou atingir a meta estabelecida. Ela está estreitamente ligada à meta do jogo, mas responde à seguinte pergunta: "O que tenho de fazer para ganhar?" Quando você fala a alguém sobre um jogo, é comum que o descreva em uma ou duas frases: "No *Risk*, por exemplo, você terá de conquistar o maior número de territórios e dominar o mundo." Portanto, a dinâmica central do *Risk* é a "aquisição de territórios".

A satisfação dos jogadores com a dinâmica central de um jogo contribuirá enormemente para a percepção deles em relação ao quão engajador ele é. As pessoas jogam um determinado jogo porque apreciam sua dinâmica central. Aliás, essa é uma das razões pelas quais cada indivíduo gosta de um tipo de jogo. Alguns apreciam a dinâmica de alinhamento, que prevalece em jogos como *Candy Crush*, *Timeline* ou *Bejeweled*. Outros, em contrapartida, preferem a superação de oponentes, como no xadrez ou no *Combate*. Assim, escolher a dinâmica correta é crucial para o sucesso do jogo.

A maioria dos jogos possui uma ou duas dinâmicas centrais. Se você estiver começando a projetar jogos de aprendizagem, será mais fácil selecionar uma única dinâmica central e desenhar seu jogo em torno dela. À medida que você acrescentar dinâmicas, também adicionará níveis de complexidade ao jogo. Nesse caso o jogo poderá se tornar confuso para os jogadores, que talvez não entendam o que terão de fazer para atingir seu objetivo final.

A **Tabela 1-1** descreve dinâmicas centrais comuns e identificam jogos específicos nos quais elas são usadas. Qualquer jogo de aprendizagem que você projete provavelmente se utilizará de uma ou mais dessas dinâmicas. Alguns jogos possuem apenas uma, enquanto outros abrigam duas ou mais delas.

Tabela 1-1 – Descrições e Exemplos de Dinâmicas Centrais

Dinâmica central	Exemplos
Corrida até a linha de chegada: chegue até a linha de chegada antes dos demais competidores ou antes que o tempo acabe.	*Life*, *Candy Land*, *Mario Kart*
Conquista de território: conquiste ou assuma o controle sobre terras, seja para estabelecer um império ou possuir a maior quantidade de uma determinada coisa.	*Risk*, *Catan*, *Monopoly*
Exploração: perambule pelo espaço do jogo e verifique os mais variados aspectos do seu "mundo" para ver se você consegue encontrar itens de valor.	*Minecraft*, *Legend of Zelda*
Coleção: encontre e obtenha objetos específicos.	*Trivial Pursuit*, Damas
Resgate e escape: saia de uma situação ou escape de um lugar.	*City of Heroes*, Ilha Proibida, *Capture the Flag*
Alinhamento: organize peças de um jogo numa ordem específica.	Jogo da velha, *Connect 4*
Ação proibida: force outros jogadores a quebrarem as regras, a cometerem erros ou a fazerem alguma coisa que não deveriam.	*Twister*, *Operation*, *Great Divide*

Construa ou erga: crie algo usando recursos específicos.	*The Sims, Roller Coaster Tycoon,* Jenga
Supere oponentes: use conhecimento ou habilidades específicas para derrotar oponentes.	Combate, xadrez
Solução: solucione um problema ou um quebra-cabeça.	*SpellTower, The Room, Portal, Clue*
Correspondência: reconheça similaridade ou especificidade entre as coisas e então combine-as em pares/grupos.	*Spot It!, Guess Who, Go Fish!*

Mecânica de jogo

A mecânica do jogo é o conjunto de regras estabelecido. Em alguns jogos as regras se aplicam especificamente aos jogadores; em outros – na maioria os disputados on-line –, elas governam o sistema como um todo. A mecânica do jogo define o modo com as pessoas atingem o objetivo final.

Os itens que compõem a mecânica de jogo interagem para determinar sua complexidade e seu fluxo. A mecânica pode definir a vez de cada um jogar, o modo como as peças são movidas num tabuleiro ou quanto um jogador pode perder em pontos antes de ser penalizado com uma vida.

A mecânica é importante para garantir uma boa percepção por parte dos jogadores. Um jogo pode, por exemplo, oferecer um ótimo objetivo, mas se as suas regras forem ruins ele poderá se revelar pouco envolvente. Quando você jogar, avalie o quanto as regras desse jogo contribuem para o seu engajamento pessoal e de que maneira elas estão estruturadas para dificultar ou facilitar o atingimento do objetivo proposto.

Elementos do jogo

Os elementos de um jogo são as características ou os componentes que realçam a experiência de jogar e ajudam a fazer com que os jogadores se sintam imersos nessa vivência. Eles incluem desde a estética visual do jogo até o peso das peças e o arranjo das cartas. A consistência e o alinhamento dos elementos ajudam a criar seu tema, sua "aparência e sensação." A **Tabela 1-2** lista e define elementos comuns nos jogos.

Tabela 1-2 – Elementos Comuns nos Jogos

ELEMENTOS
Estética: a aparência (o aspecto visual) e as várias partes do jogo.
Sorte: elementos incluídos para equalizar a experiência, adicionar um componente de surpresa ou atrapalhar os jogadores. Itens de acaso podem ser úteis; também podem ser não intencionais.
Competição: os jogadores se opõem uns aos outros, tentando obter vantagens.
Conflito: um obstáculo que o jogador precisa superar; algo que precisa ser conquistado; algo que visa criar um senso de urgência.
Cooperação: os jogadores trabalham juntos para atingir um objetivo ou, pelo menos, administrar um desafio dentro do jogo.
Níveis: um jogo pode ser organizado em níveis para permitir que jogadores passem de novatos a mestres, ou que indivíduos com graus de experiência distintos disputem um mesmo jogo. De maneira típica, a existência de níveis indica a progressão de dificuldade no jogo.
Recursos: são bens como dinheiro ou objetos que ajudam um jogador a obter vantagem. Normalmente os recursos são adquiridos ou perdidos ao longo do jogo, sendo que alguns recursos são fornecidos no início.
Recompensas: são obtidas pelos jogadores com base em seu desempenho; também podem ser obtidas na finalização (de etapas, tarefas).
História: a narrativa por trás do jogo, que elabora o tema e estabelece a razão para alguém jogá-lo.
Estratégia: Elementos incluídos para forçar o jogador a analisar e considerar várias opções. Eles dão ao indivíduo grande controle sobre o resultado do jogo.
Tema: cenário do jogo. Um tema pode ser "sobreviver no espaço", "lutar contra zumbis" ou "tornar-se um pistoleiro no Oeste Selvagem".
Tempo: num jogo, o tempo pode ser comprimido (algo que poderia levar horas ou dias acaba levando minutos), servir como recurso a ser ganho ou perdido pelo jogador ou simplesmente não representar um fator no jogo. Ele também pode integrar o objetivo do jogo, quando o jogador precisar correr contra o tempo para ganhar.

Um exemplo: *Monopoly*

Vejamos na **Tabela 1-3** um exemplo rápido com o jogo *Monopoly*, que foi mapeado conforme o vocabulário discutido anteriormente.

Tabela 1-3 – Definições do Vocabulário do Jogo

Termo	Exemplo: *Monopoly*
Meta do jogo	• Terminar o jogo com o maior número de propriedades e o maior capital
Dinâmica central	• Coleção (você coleciona propriedade) • Aquisição de território (você forma *Monopoly*)
Mecânica de jogo (amostra da regra)	• Você coleciona $ 200 toda vez que você passa GO (ponto de partida, em inglês). • Se cair num espaço pertencente a outro jogador, você paga aluguel para ele. • Se o jogador não cobrar o aluguel antes de o próximo jogador atirar os dados, você não terá de pagá-lo. • Você deverá possuir todas as propriedades de um determinado grupo de cores antes de poder adquirir casas. • Você terá de comprar quatro casas antes de poder adquirir um hotel.
Elementos de jogo	• **Sorte:** os dados são atirados para se determinar aonde o jogador cairá. Isso, por sua vez, afetará o que ele poderá adquirir ou o que terá de pagar em aluguel. O jogador poderá tirar uma carta chamada Sorte ou Caixa Comunidade. Dependendo do que sacar, algo bom ou ruim ocorrerá. • **Competição:** você está trabalhando para derrotar seus oponentes. • **Cooperação:** você pode fazer acordos com outros competidores para adquirir propriedades ou fechar negociações. • **Estratégia:** a maioria dos jogadores desenvolve uma estratégia de preferência para vencer. Alguns optam pela aquisição de empresas de serviços e ferrovias. Outros preferem ocupar calçadões ou estacionamentos. Outros ainda negociam termos especiais em troca da venda de uma propriedade específica. • **Estética:** a aparência do tabuleiro inspira uma gama de outras versões, como uma cuja temática é universitária. • **Conflito:** com frequência os jogadores se envolvem em conflitos diretos. Muitos jogos terminam com pessoas irritadas, quando frustrações excedem a diversão. • **Tempo:** as instruções oferecem uma versão temporizada, na qual os jogadores competem por 45 minutos para ver quem é o mais rico no fim desse período.

Capítulo 1

Guru Game Play → Oportunidade

Para ajudar a reforçar a informação e os conceitos apresentados nesse livro, criamos um jogo on-line chamado *Game Design Guru* para você jogar. A **Figura 1-1** traz uma imagem desse jogo.

Ao longo de todo este livro o leitor será direcionado a jogar diferentes níveis do jogo nele mencionado; os níveis serão correspondentes aos capítulos. Eles oferecerão ao leitor uma grande oportunidade de reforçar o conhecimento adquirido, ao mesmo tempo em que ele vê um exemplo prático de jogo de aprendizagem e percebe de que maneira ele poderá ser inserido em um contexto maior de aprendizagem (como a leitura deste livro, por exemplo, ou a realização de quaisquer outras atividades dentro dele).

O primeiro nível diz respeito à linguagem do jogo, discutida neste capítulo. Neste sentido, crie uma conta em www.theknowledgeguru.com/ATDGameDesignGuru e comece imediatamente a jogar para aprender!

Se preferir jogar no seu smartphone, também pode. Porém, recomendamos que primeiramente crie uma conta utilizando seu notebook ou tablet. Em seguida faça o download do aplicativo no telefone, seja para Android ou iOS, e busque por "KGuruQuest," a versão do jogo para celular.

Figura 1-1 – Imagem do *Game Design Guru*

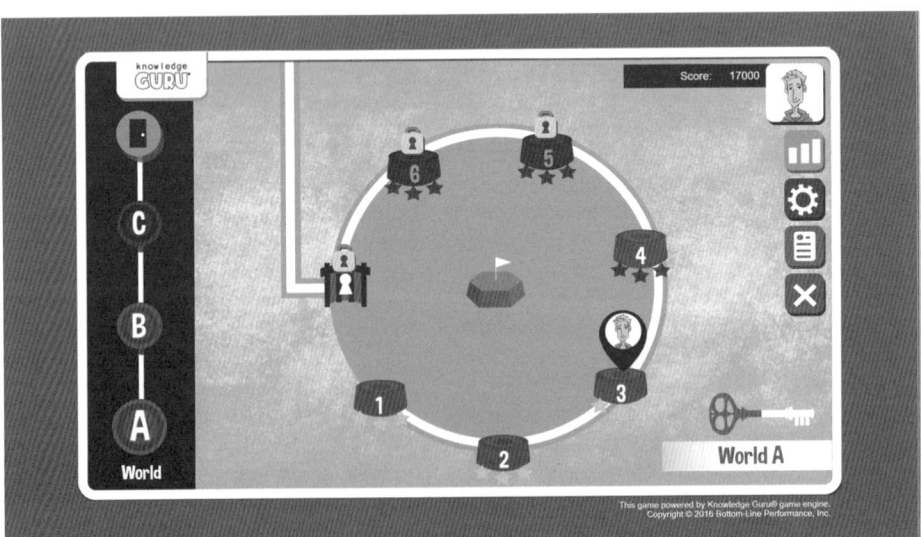

Fechamento

Você agora tem nas mãos a base de que precisa para dar início à sua jornada no design de jogos. No próximo capítulo serão introduzidos os passos envolvidos no seu desenvolvimento com um designer de jogos de aprendizagem. (Alerta de *spoiler*: antes de iniciar o processo de design, uma das primeiras coisas a se fazer é jogar bastante!)

CAPÍTULO 2

Jogando jogos de entretenimento

Neste capítulo
- *Visão geral do processo de design de um jogo de aprendizagem*
- *Por que você precisa jogar?*
- *Qual é a diferença entre jogos digitais e jogos de mesa?*
- *O que torna um jogo envolvente?*
- *Sua vez!*

Este livro se materializou a partir do workshop sobre design de jogos de aprendizagem que ministramos ao longo dos últimos três anos. Nessa oficina, ajudamos as pessoas a desenvolverem habilidades na área de design de jogos de aprendizagem conforme o processo detalhado na **Figura 2-1**. Este livro o guiará ao longo desse processo.

Figura 2-1 – Processo de Design de Jogos de Aprendizagem

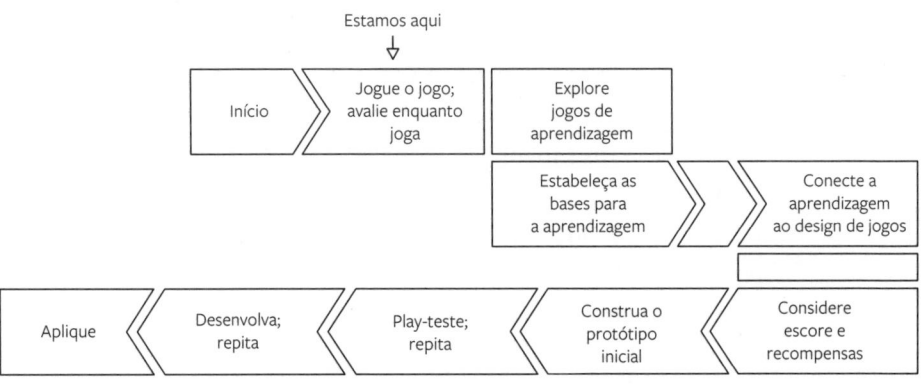

Note que nosso processo inicia com uma rodada de jogo – e com a avaliação do jogo que você jogar.

A razão pela qual é preciso jogar

No **Capítulo 1** introduzimos o vocabulário utilizado nos jogos. Neste capítulo apresentaremos o processo de design de jogos e também instruções sobre como executar o primeiro passo do processo: jogue, o máximo que for possível! O processo de design de jogos de aprendizagem funciona mais ou menos como escrever um livro: a maioria dos autores lê centenas ou até milhares de livros antes de tentar escrever o seu. Ou seja, antes de se tornarem bons escritores eles se transformam em ótimos leitores.

Do mesmo modo, para projetar um jogo de aprendizagem poderoso é preciso iniciar jogando e avaliando vários jogos diferentes. Essa prática o ajudará a:

- **Identificar o que torna um jogo divertido – ou não – para seu público-alvo.** Para maximizar sua experiência de aprendizagem nessa fase, é interessante que você jogue jogos que tenham ou não você como parte do público-alvo, afinal, com frequência você não desenhará jogos direcionados a si mesmo. Assim, é preciso explorar material projetado para atrair uma grande variedade de personalidades e interesses.
- **Aprender o vocabulário dos jogos.** Isso inclui o modo como vários elementos de design de jogos são usados para manter os jogadores envolvidos.
- **Obter ideias a respeito de elementos, regras e dinâmicas de jogos.** O ato de jogar provavelmente desencadeará ideias sobre como utilizar os conceitos desses jogos dentro de um jogo de aprendizagem. Há uma razão pela qual existem tantos clones de *Jeopardy!* em sala de aula: a maioria das pessoas já assistiu a esse programa na TV e gostou. *Jeopardy!* é um jogo fácil de copiar quando se cria um workshop ou projeta uma atividade de revisão. Porém, caso você resolva investir algum tempo experimentando outros jogos será possível ir muito além desse modelo já tão conhecido.
- **Aprender o que é possível fazer.** Ao jogar você aprenderá a reconhecer diferentes formatos e tipos de jogos, tais como os de tabuleiro, carta, dados, improviso, dramatização, sorte ou estratégia, vivenciais ou voltados para PCs, consoles ou celulares. O mundo dos jogos é gigantesco, portan-

to, explorar uma gama deles irá expandir de maneira dramática suas habilidades de pensar em novas ideias e tornar-se criativo em seus designs.

Que tipos de jogos jogar?

Existem muitas escolhas em relação aos tipos de jogos disponíveis. Recomendamos que você jogue os que integram duas categorias amplas: os digitais e os de mesa (**Figura 2-2**). Ao jogar os dois tipos você poderá avaliar os prós e contras de ambos e se tornar um maior conhecedor da sua própria capacidade de produzir cada tipo. Você descobrirá, por exemplo, que cada um difere entre si na maneira de explicar as próprias regras, incorporar a história e a estética, e administrar o escore e o grau de complexidade. Compare e contraste o modo como designers de jogos lidam com essas decisões no design.

Figura 2-2 – Duas Categorias Principais de Jogos e Seus Tipos

Jogos Digitais	Jogos de Mesa
Jogos de celular	Jogos de tabuleiro
Jogos de console	Jogos de cartas
Jogos de PC	Jogos de dados

Jogos Digitais

Jogos Digitais são aqueles que muitos profissionais da área de treinamento desejam produzir, uma vez que desejam uma solução em *e-learning*. Esta seção do livro se concentra nos dois principais tipos de jogos digitais: os de celular e os jogos de console e PC. Experimentar jogos nessa categoria lhe dará uma ideia da sofisticação de seus níveis, e do modo como a experiência de jogar difere dentro de cada subcategoria. Se o seu público-alvo costuma jogar esse tipo de jogo, você também precisará jogá-lo para compreender o tipo de experiência que essas pessoas vivenciam e o que as mantêm engajadas.

Jogos de Celular

Consideramos como jogos de celular aqueles que foram primeiramente desenhados para os *smartphones*. Em geral eles são desenhados para serem disputados em curtos espaços de tempo (alguns minutos). Neste sentido, enquanto os joga fique atento para:

- a complexidade dos gráficos; o uso e a legibilidade dos textos;
- as escolhas em relação a quando usar texto ou imagens;
- a navegação e o modo como ela auxilia os jogadores a entender aonde devem ir ou o que devem fazer em seguida;
- o uso de técnicas de jogo para ensinar a jogar, em contraste ao uso de "orientações escritas" antes do início do jogo;
- o uso de níveis para demarcar a progressão no jogo;
- as conquistas e o placar;
- o modo como o *replay* (a repetição) é incentivado(a) por todo o sistema de registro de placar. Por exemplo, o jogo *Angry Birds*, um clássico do celular, presenteia o jogador com até três estrelas por cada nível finalizado com sucesso, desde que ele alcance a solução rapidamente. Caso demore mais e precise de várias fases para ser bem-sucedido, ganhará apenas uma. Todavia, para melhorar sua pontuação o jogador sempre poderá refazer o nível.

Jogos de Console e PC

Essa categoria até poderia ser subdividida, uma vez que inclui muitos gêneros distintos, como: RPG (*role-playing games*), de aventura e de estratégia, assim como quebra-cabeças, jogos esportivos e multijogadores. Todavia, para o propósito de avaliação, nós a manteremos como uma só. Enquanto jogá-los, observe:

- **o uso de gráficos e animação:** esses jogos tendem a ser gráfica e esteticamente ricos, e a gerar reações de surpresa (uau!) nos jogadores;
- **o uso de ambientações em 3D:** nem todos esses jogos são em 3D, mas vale a pena experimentar alguns que o sejam para ver quão realistas e imersivos eles se revelam;
- **o uso de sons e efeitos sonoros:** de que maneira esses elementos ajudam você a imergir na história?

- **o uso extensivo da história e do tema:** com frequência esses jogos são destinados para serem jogados por horas a fio. Muitos dessa categoria não são do tipo "casual", o que significa que é simplesmente impossível pegar um deles ao acaso e então parar de jogar", pois eles "sugam você". Eles visam oferecer horas de imersão e entretenimento;
- **o modo como você se sente ao jogar:** os gráficos, os sons e a dinâmica do jogo podem abalar suas emoções, portanto, você poderá se sentir estressado, excitado, vitorioso ou até mesmo assustado;
- **opções para multijogadores:** de que maneira jogar com outras pessoas irá afetar sua experiência?

Pelo fato de muitos jogos serem desenhados para serem jogados em diferentes plataformas, você descobrirá que é possível baixar em seu tablet um jogo originalmente projetado para console ou PC. Talvez o jogo tenha sido alterado para se encaixar nesse novo formato, mas é possível que você ainda consiga vivenciar a essência da experiência original.

Tente experimentar um novo jogo a cada semana. Certifique-se também de jogar mais do que apenas um nível ou dois, para de fato ter uma ideia de sua complexidade e riqueza.

Jogos de Mesa

Se optar por incluir jogos em um workshop, ao vivo, é provável que o formato escolhido seja o de mesa (tabletop). Neste caso, o tipo mais comum é o jogo de tabuleiro, mas outras possibilidades incluem os jogos de dados e/ou de cartas. Muitos de nós crescemos jogando *O Jogo da Vida*, *Monopoly*, *Ludo* ou *War*. Sua tarefa é ir além dos tradicionais jogos de tabuleiro de família e explorar algumas opções mais criativas, como *Ticket to Ride*, *New York 1901*, *A Ilha Proibida* e *Mine Shift*.

Compare jogos comumente usados em reuniões sociais (festinhas), como o *Apples to Apples*, *Cards Against Humanity* ou *Pictionary*, com outros que se baseiam mais em estratégia, como o *Colonizadores de Catan* ou o *Pandemia*. Tornar-se um designer de jogos de aprendizagem significa ampliar seus conhecimentos, indo além dos *game shows* (programas de perguntas) e dos jogos de tabuleiro de sua infância. Sem dúvida eles são capazes de entreter, mas existem opções bem mais criativas disponíveis no mercado. Mesmo que você escolha e jogue entre três e seis jogos menos conhecidos, isso irá expandir suas referências sobre o assunto.

A **Tabela 2-1** lista jogos de mesa e digitais que recomendamos para você jogar e avaliar, e que representam uma ampla variedade dentro do gênero. Jogue vários deles. Se o custo for um problema, vá até uma loja de jogos e veja o que pode jogar sem ter de comprar. A maioria das lojas de jogos permite que você jogue antes de adquirir. Você também pode assistir a demonstrações de jogos no YouTube, mas essa deveria ser sua última opção, afinal, jogar é muito mais eficaz e eficiente que apenas assistir a uma demonstração. Vale lembrar que não é possível sentir uma reação emocional apenas assistindo a uma demonstração. Porém, isso é crucial para se compreender o que torna um jogo envolvente. Outra opção é visitar sua biblioteca local, que talvez possua jogos disponíveis para análise.

Tabela 2-1 – Ideias de Jogos para Você Jogar e Avaliar

Jogos de celular	Jogos de PC e tablet	Jogos de console	Jogos de mesa
• Angry Birds • Cut the Rope • Plants vs. Zombies • Candy Crush • Fallout Shelter • Lara Croft GO • Two Dots • Scallywags • Pokémon GO	• Civilization • SimCity (ou algum outro título Sims) • Jackbox games (projetado numa tela de TV a partir de um tablet ou PC) • Versão tablet para Colonizadores de Catan, Pandemia ou Ilha Proibida	• Madden sports games • Wii Golf (golfe) ou Wii Bowling (boliche) • Skyrim • Jackbox • Uncharted series • Série Assassin's Creed • Portal (PC e console)	• Fluxx (cartas) • Fuse (dados, cartas) • Colonizadores de Catan • Mineshaft • New York 1901 • Ticket to Ride • Spot It! • Timeline • Pandemia • A Ilha Proibida

O fator engajamento

Ao avaliar jogos, atente para o que os torna engajadores. Veja que nesse caso nós deliberadamente optamos por não perguntar o que os torna "divertidos". Em vez disso, a questão aqui é descobrir o que os torna "**envolventes**". Com frequência as pessoas pensam nas palavras "diversão" e "entretenimento" como sinônimas, porém, jogos de aprendizagem não estão tipicamente direcionados ao "entretenimento" de seus jogadores. Enquanto um jogo voltado para o aprendizado pode ser "divertido" de um jeito que "entretém" o jogador, ele não necessariamente precisa sê-lo para se mostrar eficiente. Todavia, não há dúvida de que ele tem de "envolver" o participante! Ou seja, o jogador necessita estar engajado e focado na atividade; sua energia e seu pensamento precisam estar totalmente concentrados. Se o jogo se refere a um tópico do trabalho considerado importante e sério (como segurança, colaboração, risco etc.), todos os jogadores devem estar totalmente envolvidos e aprendendo. A despeito do que às vezes muitos acreditam, esse tipo de jogo não tem de ser divertido.

Kevin Werbach, professor da Wharton School na Universidade da Pensilvânia, ministra um curso de gamificação na plataforma Coursera. Nele são listadas várias qualidades que tornam um jogo divertido, como: vencer, atingir objetivos, triunfar, colaborar, explorar, colecionar, construir, solucionar problemas, delinear estratégias, surpreender-se, dramatizar e imaginar (Werbach n.d.). Essa lista é bastante útil porque vai além da palavra "divertido". Isso acontece justamente com o intuito de fazer com que as pessoas pensem sobre o que de fato torna um jogo "divertido".

A **Tabela 2-2** organiza essas qualidades e nos leva a pensar no que torna um jogo engajador. A coluna da esquerda identifica atividades que as pessoas poderiam considerar divertidas de executar num jogo. A coluna do meio explica o que torna esse jogo mentalmente envolvente (nosso objetivo com um jogo de aprendizagem). Já a coluna da direita identifica implicações que devem ser consideradas ao se incorporar a atividade num jogo de aprendizagem.

Tabela 2-2 – Associando a Diversão ao Aprendizado

Atividades que as Pessoas Consideram Divertidas nos Jogos	O que Torna um Jogo Envolvente	Implicações Para os Jogos de Aprendizagem
• Combates com desafios. • Vitória depois de enfrentar um desafio. • Alcançar um objetivo (uma vitória, um troféu, um novo nível). • Encontrar soluções para problemas. • Delineamento de estratégias que levem à vitória ou à solução de um desafio.	• Satisfação mental pela superação de adversidades ou de alguma dificuldade. • Sensação de domínio e realização. • Estímulo mental; uso do cérebro e do conhecimento para encontrar soluções. • Compatibilidade com a tendência natural de muitas pessoas em serem orientadas para o atingimento de objetivos.	• A incorporação ponderada de objetivos, desafios e adversidades pode estar associada a situações reais de trabalho. ☐ Objetivos estão em todos os lugares no mundo do trabalho: objetivos de vendas, objetivos de produtividade, objetivos de segurança, objetivos de retenção. ☐ Os desafios são muitos no ambiente de trabalho: gerenciamento de tempo, dinheiro e recursos; desafios econômicos; desafios de inovação. ☐ Capacidade de solucionar problemas e delinear estratégias são habilidades de ordem superior que muitos trabalhadores e muitas companhias necessitam em maior quantidade. Os jogos se transformam numa forma útil de encorajar esse tipo de pensamento, se for requisitado para o trabalho.
• Ganhar o título de "vencedor".	• Sentimento de bem-estar e orgulho oriundos da admiração e do reconhecimento que vencedores e realizadores com frequência recebem.	• Possuir empregados que se sintam valorizados e reconhecidos é crucial para sustentar o engajamento. É possível influenciar esse aspecto com o design do seu jogo.

Atividades que as Pessoas Consideram Divertidas nos Jogos	O que Torna um Jogo Envolvente	Implicações Para os Jogos de Aprendizagem
• Colecionar, explorar ou escapar.	• Manter-se mentalmente ativo estimula o indivíduo e o impede de sentir-se entediado ou distraído. • Sentimento de realização; isso está intimamente associado ao atingimento de objetivos. • Ação com frequência gera resposta emocional. A emoção nos interessa.	• Numa atividade de aprendizagem, o engajamento é tipicamente mensurado por quão envolvido um aprendiz se torna; elementos baseados em atividades tendem a gerar mais envolvimento que outros de caráter mais passivo (como a leitura ou o ato de assistir a um vídeo). É mais difícil para o aprendiz se desconectar quando, em vez de permitir que ele se mantenha passivo, dele são demandadas atividades mentais e ações físicas.
• Colaborar com outros num desafio ou conseguir realizar uma tarefa.	• Desejo de sentir-se valorizado pelos colegas de equipe. • Desejo de não deixar ninguém decepcionado (se estiver numa equipe). • Desejo por interação com os outros. • Assim como no caso da ação, a interação com frequência gera uma resposta emocional. A emoção nos interessa.	• Para atingir objetivos, as pessoas normalmente têm de colaborar umas com as outras. Jogos de aprendizagem atendem bem ao modelo cooperativo, o que, por sua vez, ajuda a construir comportamentos colaborativos.

Atividades que as Pessoas Consideram Divertidas nos Jogos	O que Torna um Jogo Envolvente	Implicações Para os Jogos de Aprendizagem
• Dramatizar ou imaginar a si mesmos dentro de um contexto diferente.	• Desejo de sentir-se criativo. • Habilidade de explorar de maneira segura algo que normalmente consideraríamos demasiadamente "estranho" (não convencional) para nos tornarmos parte. • Divertir-se com a prática do "fazer de conta" ou do "imaginar" – ações que podem se revelar bastante libertadoras.	• Erros podem custar caro no ambiente de trabalho, assim, permitir que as pessoas dramatizem ou imaginem situações num jogo é uma prática segura que não causa prejuízos. • Dentro do ambiente de trabalho, a fantasia também pode ser uma maneira útil de ajudar aprendizes a aceitarem situações que, de outro modo, eles considerariam irrealistas o suficiente para não se encaixarem em seu "mundo profissional". Os elementos de fantasia deixam claro que não se tem como objetivo criar uma representação exata desse mundo. • A imaginação no jogo também pode cultivar a criatividade e a inovação, ambas desejáveis no ambiente de trabalho.

Indo além da "diversão"

Jogar por diversão é diferente de fazê-lo com o intuito de avaliar a qualidade e a eficácia do design de jogos. Neste sentido, à medida em que você joga considere as seguintes perguntas. Veja que a lista a seguir é de fácil compreensão. O objetivo é permitir que você vislumbre todo o processo de pensamento:

- Qual o objetivo do jogo? Ele está claro? Ele é convincente para você? Por quê? Ou por que não?
- Qual é a dinâmica central do jogo? Trata-se de uma dinâmica única ou de uma mescla de duas dinâmicas, como coleção de itens e corrida até a chegada?
- As regras são claras? Como os jogadores as aprendem?

- Que mecânicas de jogo o tornam mais divertido? Quais você mudaria? O que aconteceria se você assim o fizesse? (Tente alterar uma das mecânicas e jogá-lo novamente para ver de que maneira isso altera a experiência da jogabilidade.)
- A estética do jogo é atraente? Que reação emocional ela provoca?
- O jogo é equilibrado? Ele acomoda níveis diferentes de jogadores? De que modo?
- O jogo atende bem ao público-alvo?
- Existe uma história associada ao jogo? De que maneira ela enriquece a experiência de jogar? De que modo os designers tecem a história ao longo de todo o jogo? Se eles não o fizeram, por que não? Isso acrescentaria valor ao jogo, ou o contrário?
- Há equilíbrio entre estratégia e sorte? De que maneira o fator sorte afeta o modo como você se sente em relação ao um jogo?
- O jogo é cooperativo, competitivo ou uma mescla de ambos? Isso aumenta ou diminui sua motivação para jogá-lo?
- Se o jogo é competitivo e você perde, como isso o faz sentir? Isso o motiva a jogá-lo novamente? Ou você prefere não jogar de novo justamente para evitar perder?
- Se é um jogo digital, o quão fácil é a navegação? Quão clara é a navegação? Você consegue aprender facilmente por meio da exploração?
- Por fim, como um designer de jogos de aprendizagem, que elementos desse jogo você poderia usar em um jogo que você projetar?

Amostra de avaliação: *Colonizadores de Catan*

Façamos uma profunda avaliação do popularíssimo jogo de tabuleiro *Colonizadores de Catan*, detentor de vários prêmios. A avaliação na **Tabela 2-3** reflete o que é demonstrado na Planilha de Avaliação de Jogos de Entretenimento, contida no **Apêndice 1**. Esse documento oferece um exemplo que lhe possibilitará perceber no que você deverá prestar atenção e o que terá de analisar enquanto joga.

Tabela 2-3 – Avaliação de *Colonizadores de Catan*

Qual é a meta do jogo?

Ser a primeira pessoa a ganhar 10 pontos no jogo.

Que dinâmicas centrais são utilizadas?

Duas: construção e coleção. Ganha-se pontos construindo coisas, como estradas, casas e assentamentos. É possível construir esses prédios coletando-se cartas de recursos (ovelhas, trigo, tijolos, madeira), e então usando-os para se conseguir o que é preciso para a construção.

Liste pelo menos 3 mecânicas de jogo usadas no jogo

1. Não se pode construir até que se tenha o conjunto certo de recursos para usar. Os tipos de recursos variam, dependendo do desejo de se construir uma estrada, uma casa ou um assentamento.
2. Se você obtiver um 7 com os dados, e tiver mais de sete cartas nas mãos, terá de abrir mão de metade de suas cartas.
3. Se você obtiver um 7 poderá mover o *Robber* (o peão específico desse jogo) até qualquer posição do tabuleiro que preferir. Isso "congela" todos aqueles que poderiam ter acesso aos recursos listados naquela posição específica.
4. Se você construir um porto poderá utilizá-lo para acumular recursos de maneira mais rápida, negociando uma carta com um tipo de recurso por outra com o tipo de recurso de que precisa.

Identifique e descreva os elementos usados no jogo

Estética	Níveis	A estética é realmente bonita; ela evoca o espírito e cria o ambiente certo para o jogo. Algumas das cartas não são fáceis de distinguir – por exemplo, é difícil visualizar as ovelhas e o trigo. O local onde você irá alocar seu primeiro assentamento depende da sorte – do resultado dos dados. Também há o Robber, uma peça que é movida cada vez que algum jogador atira os dados e consegue um 7. Embora o jogo seja uma competição, pode ser complicado saber quem de fato está vencendo, pois os participantes podem ter Cartas de Desenvolvimento escondidas que lhe renderão pontos. É possível cooperar uns com os outros por meio da troca, o que é divertido. Há quatro recursos primários que você precisa construir, e você ganhará pontos com base na qualidade de suas construções. Há várias estratégias para ganhar. O jogo é diferente cada vez que você joga, o que o torna muito interessante.
História	**Recursos**	
Sorte	**Recompensas**	
Conflito	**Estratégia**	
Competição	Tema	
Cooperação	Tempo	

Que tipo de feedback você obteve em relação a como estava se saindo?
Era possível observar seu progresso nas construções e havia um placar que indicava claramente o valor de cada uma. Também se conseguia ver o que os outros jogadores estavam fazendo. Porém, não se podia vislumbrar as Cartas de Desenvolvimento que os outros jogadores poderiam ter nas mãos, e que influenciariam seu escore total.
Que aspectos desse jogo poderiam inspirá-lo em seu jogo de aprendizagem?
Mesclar a cooperação e a competição; obter um equilíbrio interessante entre sorte e estratégia. Se você estivesse desenvolvendo um jogo na área de gestão de projeto, a ideia de ter num mesmo jogo a cooperação entre os jogadores e a competição por recursos é muito boa, assim como é excelente a ideia de coletar recursos antes de se começar a construir qualquer coisa. Outra boa sacada é ter um tabuleiro que possibilita a variação de jogadas, ao permitir que as pessoas reorganizem os hexágonos que o formam. Isso encoraja a repetição de jogadas.
Outras informações
O jogo é complexo para se aprender, sendo melhor jogá-lo quando um dos participantes já o conhece. Exceto isso, prepare-se para gastar uma hora jogando e entendendo seu funcionamento enquanto o faz. As partidas subsequentes tornam-se bem mais fáceis e divertidas. Em geral, pessoas que normalmente não gostam de jogos o considerariam difícil demais para aprender se não houvesse no grupo um participante capaz de encurtar o processo de aprendizagem.

Sua vez!

Plants vs. Zombies é um jogo extremamente popular que designers de jogos costumam apontar como um bom exemplo de design. É possível baixá-lo no *Google Play* ou na *App Store*. Jogue-o por 10 ou 15 minutos e então complete a planilha de avaliação no **Apêndice 1**. Quando terminar, vá até o **Apêndice 2** e compare suas respostas com as nossas.

Fechamento

Este capítulo guiou você pelo processo de jogar e avaliar jogos de entretenimento. O próximo passo em sua jornada para se tornar um designer de jogos de aprendizagem é jogar alguns jogos desse tipo. Assim você terá a oportunidade de perceber de que maneira a dinâmica central, as mecânicas e os elementos de jogos são utilizados para influenciar a experiência de aprendizagem e garantir experiências de jogo envolventes.

CAPÍTULO 3

Explorando jogos de aprendizagem

Neste capítulo

- *O que é um jogo de aprendizagem?*
- *Seriam os jogos ferramentas eficazes para o aprendizado?*
- *Qual é a diferença entre jogos de aprendizagem e jogos de entretenimento?*
- *Amostra de avaliação: Zombie Sales Apocalypse*
- *Sua vez!*

Agora que você já jogou e avaliou alguns jogos de entretenimento, é hora de explorar jogos de aprendizagem e observar de que maneira eles diferem daqueles projetados puramente para divertir os jogadores. A **Figura 3-1** demonstra onde você se encontra no processo de design de jogos de aprendizagem.

Figura 3-1 – Processo de Design de Jogos de Aprendizagem

```
                                    Estamos aqui
                                         ↓
          ┌────────┐  ┌──────────────┐  ┌──────────────┐
          │ Início │→ │ Jogue o jogo;│→ │   Explore    │
          │        │  │avalie enquanto│  │  jogos de    │
          │        │  │    joga      │  │ aprendizagem │
          └────────┘  └──────────────┘  └──────────────┘
                                        ┌──────────────┐  ┌──────────────┐
                                        │ Estabeleça as│→ │  Conecte a   │
                                        │  bases para  │  │ aprendizagem │
                                        │a aprendizagem│  │ao design de jogos│
                                        └──────────────┘  └──────────────┘

 ┌────────┐  ┌──────────┐  ┌──────────┐  ┌──────────┐  ┌──────────┐
 │Aplique │← │Desenvolva;│← │Play-teste;│← │ Construa o│← │ Considere │
 │        │  │  repita  │  │  repita  │  │ protótipo │  │ escore e  │
 │        │  │          │  │          │  │  inicial  │  │recompensas│
 └────────┘  └──────────┘  └──────────┘  └──────────┘  └──────────┘
```

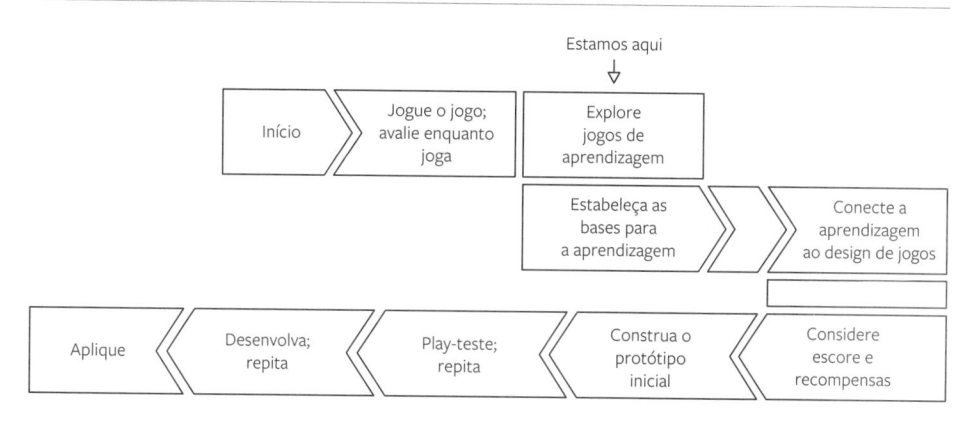

Capítulo 3

O que é um Jogo de Aprendizagem?

Nos campos da aprendizagem e do desenvolvimento, há vários tipos de experiências de aprendizagem interativas que, com frequência, se confundem umas com as outras. Como alguém que irá projetar jogos de aprendizagem, você precisa conhecer as diferenças entre esses jogos, as simulações e a gamificação, assim como as distinções entre os jogos de entretenimento e aqueles projetados para garantir um resultado de aprendizado.

Quando você discute seus planos de criação de um jogo de aprendizagem, todos os envolvidos no design, no desenvolvimento e na implementação do jogo precisam compreender exatamente o que está sendo desenvolvido. Se as definições não forem discutidas de antemão, falhas de comunicação poderão ocorrer. Neste sentido, ao discutir o design e a criação do seu jogo de aprendizagem, compartilhe as definições a seguir com todos os interessados no processo. Fazê-lo irá eliminar eventuais confusões e esclarecer se um determinado jogo de aprendizagem é, de fato, a melhor solução, ou se uma abordagem diferente – como uma simulação ou o uso de gamificação – seria mais adequada.

- **Jogos de entretenimento.** Tendo sido o foco do **Capítulo 2**, eles se destinam puramente à diversão do jogador, não havendo, portanto, outra expectativa em termos de resultado. A maioria das pessoas está familiarizada com esses jogos, uma vez que já os experimentaram. Os jogadores podem até aprender com um jogo de entretenimento, porém, o aprendizado não é o objetivo. Caso aconteça, trata-se apenas de um subproduto ou efeito colateral da meta principal – o entretenimento.

- **Jogos de aprendizagem.** São destinados a ajudar os jogadores a desenvolver novas habilidades e novos conhecimentos, ou a reforçar os já existentes. Os jogos voltados para a aprendizagem também são chamados de "jogos sérios" ou "jogos instrucionais". O objetivo final de um jogo de aprendizagem é permitir o alcance de algum tipo de resultado de aprendizagem enquanto o "jogador" está envolvido ou imerso num processo de aprendizado. Jogos de aprendizagem com frequência se apoiam na abstração da realidade e num elemento de fantasia no processo de ensino; em geral eles não apresentam réplicas de situações de vida real. O divertimento dentro do jogo deve estar o mais ligado possível àquilo que estiver sendo aprendido.

- **Simulações.** Elas são uma tentativa de se reproduzir a realidade, e garantem aos aprendizes uma experiência interativa dentro de um ambiente realista e de risco controlado, onde todos poderão praticar comportamentos específicos e experimentar os efeitos de suas decisões. Um exemplo conhecido de simulação de aprendizagem é o uso do simulador de voo pelas companhias aéreas e pela NASA no treinamento de pilotos. Os limites entre as simulações e os jogos de aprendizagem podem parecer não muito claros, pelo fato de os primeiros também poderem incluir pontos, competição entre os participantes e até mesmo escores elevados. A principal diferença que se deve considerar é a importância da realidade no caso do simulador – nele os designers são extremamente realistas e cuidadosos ao refletir o que de fato acontece na vida real.

- **Gamificação.** Trata-se do uso de elementos de jogos em uma situação de aprendizagem; da utilização de partes de um jogo no design instrucional, sem que isso implique na criação de um jogo completo. Um exemplo comum é dar pontos aos alunos pela realização de uma tarefa específica, e então estabelecer um placar e fazer com que todos compitam entre si para conseguir um escore mais elevado. Essas atividades não fazem parte de um jogo, mas têm pontos associados a elas. Ganhar um distintivo depois de aprender uma regra seria outro bom exemplo. Para aprender mais sobre gamificação, leia os livros de Karl Kapp, *The Gamification of Learning and Instruction* e *The Gamification of Learning and Instruction Fieldbook* (a tradução livre de ambos é basicamente: a gamificação na aprendizagem e na instrução).

Todas essas ferramentas de aprendizagem interativas podem ser bastante eficientes para o atingimento de um resultado desejado, porém, cada qual possui propósito e foco distintos. Simulações funcionam melhor quando se deseja uma experiência realista e de alta fidelidade para o aprendiz. A gamificação é eficaz quando se quer que o indivíduo se mantenha envolvido com o conteúdo ou com a experiência por um longo período. Ela também é ótima para reforçar conteúdos e informações já trabalhadas em workshops e webinários. Os jogos de aprendizagem são eficientes quando se deseja imergir o jogador dentro de um determinado conteúdo e de uma experiência, e oferecer-lhe uma vivência abstrata para ensinar-lhe conceitos e ideias.

Lembre-se de que simulações, gamificações e jogos de aprendizagem podem ser criados tanto no ambiente on-line quanto em formatos físicos. Com frequência as pessoas imaginam que simulações e jogos de aprendizagem precisam ser necessariamente on-line, mas esse não é o caso, tampouco a melhor abordagem. Em muitos ambientes corporativos, jogos de tabuleiro e de cartas são métodos eficientes de reforçar conhecimentos e conceitos. Também não é incomum se utilizar distintivos ou pontos numa sala de aula para motivar alunos. Ao projetar um jogo de aprendizagem, mantenha suas opções abertas. Em geral, em termos de custos, um simples jogo de cartas pode se revelar um jeito bem eficiente para se atingir um resultado desejado.

Seriam os jogos ferramentas eficazes para o aprendizado?

Com frequência nos perguntam se os jogos de aprendizagem de fato facilitam o processo de aprendizado. A resposta mais curta é: **Sim!** Evidências demonstram de maneira clara que os jogos podem ser ferramentas eficientes e efetivas para o ensino. Participantes de jogos instrucionais podem aprender – e realmente aprendem – com os jogos!

Várias meta-análises (estudos de estudos) já indicaram que o aprendizado com base em jogos é mais eficiente que o método tradicional de instrução utilizado em sala de aula. Pieter Wouters e colegas (2013) compararam resultados de 38 estudos individuais e descobriram que jogos de aprendizagem e jogos sérios promovem a aprendizagem e a retenção de maneira mais eficaz que os métodos convencionais. Também em comparação aos meios mais estabelecidos (como palestras e debates), esses profissionais perceberam que os aprendizes que se utilizaram de jogos sérios acabaram por aprender mais nas situações em que: 1- a esses jogos foram acrescentados outros métodos instrucionais; 2- o curso envolvia múltiplas sessões; e 3- os jogadores trabalhavam em grupos.

Traci Sitzmann (2011) conduziu uma meta-análise que abrangeu 65 amostras independentes e dados de mais de 6.000 estagiários. Nesse trabalho descobriu-se que, em comparação com aqueles que haviam sido treinados por meio de métodos instrucionais convencionais, os *trainees* que utilizaram jogos "apresentaram nível de conhecimento declarativo 11% maior; nível de conhecimento processual 14% maior e nível de retenção 9% mais elevado que o grupo de comparação." Ela também descobriu que os jogos foram "17% mais eficazes que palestras e 5% mais eficientes que discussões, os dois métodos instrucionais mais populares em salas de aula."

Em outro estudo, Thomas M. Connolly e colegas (2012) conduziram uma meta-análise na qual foram revisados 129 trabalhos. Nesse processo foram reportadas evidências relacionadas aos resultados de jogos de computadores e jogos sérios, tanto no que se refere à aprendizagem quanto ao envolvimento. Uma conclusão alcançada foi de que os "resultados e impactos mais comumente registrados foram a aquisição de conhecimento/compreensão de conteúdo e os de caráter afetivos e motivacionais." É óbvio, portanto, que os jogos de aprendizagem representam uma forma de instrução proficiente para a obtenção dos resultados desejados.

Porém, os jogos – como no caso de qualquer outra solução instrucional – precisam ser desenhados, desenvolvidos e implementados de maneira cuidadosa para facilitar o aprendizado. Ou seja, assim como no caso de qualquer instrução de sala de aula mal planejada, jogos projetados incorretamente levarão a resultados ruins. Portanto, quando se desenha um jogo de aprendizagem é preciso saber de antemão quais características e elementos serão bem-sucedidos na tarefa de ensinar, e então incluí-los no design.

Jogos de aprendizagem versus jogos de entretenimento

Criar um jogo de aprendizagem não é um processo fácil. Existem muitos elementos cruciais num jogo desse tipo que normalmente não são incluídos num jogo de entretenimento. Além disso, pelo fato de o foco ser o aprendizado, o processo de design deverá se concentrar sempre nos elementos que irão promover a aprendizagem, mas ainda contar com elementos de jogos de entretenimento para tornar a experiencia válida e motivadora para o aluno.

Metas de jogos versus objetivos instrucionais

Todo jogo de aprendizagem precisa possuir uma meta de jogo e um objetivo instrucional (**Tabela 3-1**). A "meta de jogo" é aquilo que o jogador terá de fazer para ganhá-lo (encontrar um tesouro, capturar um navio, ganhar mais dinheiro ou adquirir mais território), enquanto o "objetivo instrucional" é o que o jogador deverá aprender com o jogo (de que maneira consertar uma torneira com vazamento, identificar uma situação que exija intervenção médica, lidar com um cliente irritado ou atender às novas regras governamentais).

Identificar tanto a meta instrucional quanto a meta de jogo é importante a partir de uma perspectiva geral de design. Quando se desenha um jogo de aprendizagem, a meta instrucional deve vir em primeiro lugar – afinal, se os participantes não aprenderem com o seu jogo, ele não poderá ser considerado como um jogo de aprendizagem, independentemente do grau de divertimento que proporcione.

Tabela 3-1 – Exemplos de Jogos e Objetivos

Nome do Jogo	Meta do Jogo	Objetivo Instrucional
Busca (Quest)	Adquirir a maior quantidade possível de território	Como gerente de contabilidade, utilizar histórias para comunicar ao cliente a proposta de valor de produto correta.
Poder da Proteção (Power of Protection)	Conseguir o cargo de vice-presidente	Assegurar que as informações médicas dos membros se mantenham protegidas de acordo com os padrões HIPPA (Health Insurance Portability and Accountability Act).
Investigando Fraudes (Searching for Fraud)	Encontrar o tesouro escondido	Como fornecedor de seguro-saúde, prevenir e detectar fraudes, perdas e abusos no ambiente de trabalho.
Pouso na Lua (Moon Landing)	Ser o primeiro a pisar na Lua	Seguir as exigências-chave da Lei Sarbanes-Oxley, que se aplicam à sua posição como auditor externo.

Note que nesse ponto do processo estamos apenas criando metas instrucionais. Mais tarde, já no processo de design, será preciso desmembrar essa meta em objetivos instrucionais que possam ser devidamente mensurados.

Menos é melhor

A frase Menos é Melhor possui várias aplicações no design de jogos de aprendizagem. O primeiro equívoco que muitos dos novos designers de jogos de aprendizagem cometem é tentar ensinar tudo num só jogo. Alguns profissionais tentarão inserir de uma só vez todo o processo de vendas, desde a prospecção de novos clientes até o fechamento de vendas adicionais; outros farão o mesmo com todas as normas relativas ao cumprimento de regras e regulamentos. Contudo, a melhor regra a seguir quando se cria um jogo de aprendizagem é começar com algo pequeno. Neste sentido, talvez o ideal seja desenhar um jogo que inclua apenas o processo de prospecção de clientes, deixando o restante para mais tarde. Um jogo de aprendizagem pode rapidamente tornar-se grande e complicado demais para caber na estrutura temporal idealizada. Assim, é melhor começar com um objetivo instrucional específico e então expandi-lo, caso necessário.

Além disso, tente manter as regras simples. Nos jogos de entretenimento, as pessoas com frequência não têm problemas em investir voluntariamente seu tempo para aprender a dinâmica do jogo, dominar as regras e usá-las em seu benefício. Esse, entretanto, não é o caso dos jogos de aprendizagem. Assim, é fundamental tornar as regras simples e fáceis de compreender. Também é crucial ser cuidadoso na manutenção do equilíbrio entre as necessidades de aprendizagem e a mecânica/os elementos do jogo, afinal, você não vai querer que os jogadores desperdicem tempo valioso de aprendizado tentando compreender o funcionamento do jogo.

Regras demasiadamente intrincadas e burocráticas podem levar a uma sobrecarga de informações. Nesse caso, o jogador talvez aprenda como jogar, mas não reterá o que de fato é a meta instrucional do jogo. Dinâmicas complexas demais tendem a frustrar os aprendizes e distraí-los daquilo que precisam aprender. De qualquer modo, é uma boa ideia construir gatilhos que ofereçam orientações no caso de o jogador encontrar dificuldades. Pistas instrucionais, sugestões e pequenas dicas devem ser incluídas dentro de um jogo de aprendizagem.

Por fim, considere o tempo de duração do seu jogo. Em ambientes corporativos normais os jogadores têm limites de tempo para jogar, além de inúmeras distrações competindo por sua atenção. Assim, nem pense em criar jogos épicos com 14 horas de duração. Mantenha o foco e o limite de tempo relativamente reduzido. Se o jogo demorar muito para ser finalizado, os jogadores logo o abandonarão e o verão como perda de tempo.

Não foque no entretenimento

Jogos de aprendizagem precisam ser o que consideramos como "suficientemente divertidos". Muitos novos desenvolvedores de jogos de aprendizagem tentam desenhar esse tipo de jogo, porém, infelizmente tudo o que eles conseguem é tornar o processo ainda mais complicado. Lembre-se: você não está criando uma "sensação comercial" para entreter seus alunos, mas desenhando um jogo no qual o sucesso dos participantes será mensurado pelo que demonstrarem ter aprendido com ele.

Resista à tentação de criar uma tonelada de regras, uma pilha de diferentes elementos e múltiplas dinâmicas corporativas para manter superelevado o nível de interesse do jogador. Sim, o jogo deve ser envolvente e possuir um nível médio de diversão, mas a meta deve ser o aprendizado. Concentre-se no envolvimento. Pesquisas mostram que o que torna um jogo de aprendizagem eficaz é o nível de interatividade e envolvimento que os participantes têm com o conteúdo (Sitzmann 2011). Considerados esses parâmetros, certificar-se de que os jogadores estejam engajados e ativos é bem mais importante que saber que eles se sentem entretidos.

Inclua o jogo como parte de um design de aprendizagem mais amplo

Em geral, jogos comerciais como o *Angry Birds*, o *Assassin's Creed* ou o *Monopoly* são jogados sem qualquer contexto – um grupo de amigos simplesmente se reúne e começa a jogar, seja on-line ou pessoalmente. Porém, para que um jogo de aprendizagem seja eficaz ele precisa ser parte de um plano instrucional maior e incluir elementos de suporte. Não se pode simplesmente criar um jogo e esperar que os jogadores aprendam com ele sem oferecer-lhes algum norteamento ou contexto prévio. Para que um jogo desse tipo funcione é preciso que faça parte de um design de aprendizagem mais amplo.

Os melhores resultados para um jogo de aprendizagem são obtidos quando a ele é incorporado um processo de três passos: primeiro um instrutor ou um conjunto de instruções on-line é usado para introduzir o jogo e explicar aos participantes os objetivos de aprendizagem; em seguida os participantes jogam o jogo; o terceiro e último passo diz respeito ao "depois", quando instrutor e jogadores discutem o que foi aprendido e de que modo os eventos do jogo darão sustentação aos objetivos instrucionais. Caso um instrutor não esteja disponível – como para um jogo on-line –, ofereça aos participantes a oportunidade de responderem a um conjunto de perguntas sobre o que aprenderam com o jogo. Esse processo ajuda a assegurar que o aprendizado de fato aconteça como resultado direto de se jogar o jogo idealizado (Hays 2005; Sitzmann 2011).

Não foque na vitória

Às vezes os participantes podem se mostrar tão concentrados em vencer que acabam fracassando na tarefa de aprender. Eles se distraem ao coletar recursos, competir contra limites de tempo ou acumular pontos. O resultado em termos de aprendizado é ofuscado pela complexidade das regras ou pela demasia de elementos presentes. Para evitar esse problema é preciso focar em dois princípios de design.

O primeiro princípio é: "vencer deve ser uma contingência do aprendizado". Não se pode desenhar um jogo de aprendizagem em que a vitória possa acontecer em razão da sorte ou até mesmo pelo acaso. Crie o jogo de modo que a vitória esteja diretamente relacionada com a aquisição ou a demonstração do conhecimento. Um bom exemplo disso é o jogo *Trivial Persuit*. Nesse jogo, a cor sobre a qual um jogador repousa no tabuleiro é determinada pelos dados. Porém, para vencer, os jogadores terão de responder corretamente a uma pergunta de cada categoria e completar seu próprio conjunto. A sorte tem um papel no jogo, mas o conhecimento é fundamental para vencê-lo.

O segundo princípio é: "tanto a vitória quanto a derrota devem levar ao aprendizado". Neste sentido, é preciso desenhar a mecânica de modo a encorajar o participante a aprender ao longo de todo o jogo. Trabalhe sempre para incorporar o aprendizado a todos os aspectos do jogo e certifique-se de que todos os participantes aprendam todas as informações-chave, independentemente de sua situação individual ao término do jogo.

Se criar um jogo competitivo, por exemplo, lembre-se de que nem todos sairão vitoriosos e que será necessário evitar sentimentos ruins oriundos de tal situação. Evite a supervalorização da vitória e considere de antemão o que poderá acontecer quando um jogador não for bem-sucedido. Esse indivíduo poderá ficar bravo com o instrutor, com outros jogadores ou até mesmo com o próprio jogo; sentir-se frustrado com a falta de progresso ou com a própria inabilidade para vencer; tentar trapacear ou manipular o sistema para conseguir vantagens; sentir-se temporariamente entristecido ou até mesmo irritado por causa de toda essa experiência; sentir-se incompetente e se perguntar o motivo pelo qual não consegue vencer; e sentir-se isolado pelo fato de todos os demais parecerem estar conseguindo ganhar e se divertir, menos ele próprio.

Depois de analisar todas essas questões ao criar um jogo, talvez você até decida que, no final, um jogo cooperativo será uma opção melhor. De qualquer modo, veja a seguir algumas dicas para ajudá-lo a mitigar fracassos em jogos de aprendizagem e jogos sérios:

- Avise de antemão aos jogadores que eles poderão ficar irritados ou frustrados se perderem, mas que isso faz parte do processo de aprendizagem.
- Informe aos jogadores que eles poderão até perder o jogo, mas que tudo estará bem, pois o aprendizado ainda ocorrerá.
- De maneira cuidadosa, informe a todos os jogadores sobre os objetivos instrucionais do jogo e retire a ênfase da vitória.
- Faça com que o jogador reconheça sua frustração ou a raiva diante da derrota.
- Instrua os jogadores para que encontrem lições nas derrotas. Faça com que eles analisem o porquê do fracasso e perguntem a si mesmos: "Esses insights podem levar ao aprendizado?"
- Não perca muito tempo parabenizando os vencedores. Reconheça o feito e siga adiante para a lição instrucional.
- Forneça uma lista de estratégias que ajudará os jogadores a vencerem da próxima vez.
- Dentro do programa, na sequência de uma atividade do jogo ofereça outra na qual todos possam sentir-se positivos.
- Se os jogadores estiverem numa sala de aula, dê aos que não venceram a oportunidade de discutirem a razão de seu fracasso. Se estiverem on-line, ofereça essa oportunidade via chat.
- Considere se de fato você deseja criar uma situação de vitória-derrota nessa experiência de aprendizagem. Às vezes ela é apropriada, mas esteja preparado para encarar consequências não planejadas e receber *feedbacks* negativos caso não tenha lidado com a situação da maneira adequada.
- Crie diferentes níveis de vitória e encontre meios de manter todos engajados. Nesse caso os jogadores terão a oportunidade de ganhar um round ou uma tarefa, ou experimentar pequenas vitórias ao longo de todo o jogo. Isso é bem útil, pois se os jogadores caírem cedo demais poderão desistir mentalmente do processo de aprendizagem.
- Considere construir um jogo cooperativo em vez de competitivo. O trabalho conjunto é bem mais inclusivo que a participação em uma competição.

Avalie um jogo de aprendizagem

Lembre-se de que jogos de aprendizagem podem ser simples ou mais complexos. Aqui vamos dar uma olhada em um jogo chamado *Zombie Sales Apocalypse* (**Tabela 3-2**), que foi desenhado para ensinar habilidades de vendas para os jogadores. O ambiente desse jogo é uma clínica médica, onde os participantes tentam vender uma cura (e seu produto) para um médico. Esse jogo pode ser encontrado em www.zombiesalesgame.com. Posteriormente você terá a oportunidade de avaliar sozinho um jogo de aprendizagem.

Tabela 3-2 – Avaliação de *Zombie Sales Apocalypse*

Qual é a meta do jogo?
A meta do jogo é evitar os zumbis e vender o antídoto para os médicos. Para algumas pessoas a ideia de correr dos zumbis, explodir nas paredes e usar móveis para bloquear passagens é envolvente. Também pode ser interessante quando um personagem "não jogador" se transforma num zumbi e começa a pressionar o jogador, pois é algo que também adiciona tensão.
Qual o objetivo instrucional?
A meta instrucional é aprender como aplicar o modelo de vendas de maneira adequada, e assim vender para toda a clínica. Isso inclui saber o que dizer para os recepcionistas, enfermeiros e médicos. O jogo é projetado para reforçar o modelo de oferecimento de feedback aos jogadores, dizendo-lhes quão bem eles aplicaram o modelo de vendas na situação.
Que dinâmicas centrais foram utilizadas?
A dinâmica central é escapar dos zumbis aplicando corretamente os elementos do modelo de vendas e respondendo às ramificações de perguntas. O jogo é justamente uma aventura em ramificação, no qual é preciso escolher a opção correta para ser bem-sucedido.
Liste pelo menos 3 mecânicas de jogo usadas no jogo
A mecânica explícita do jogo inclui: 1. Evitar zumbis. 2. Clicar em personagens não jogadores para iniciar uma conversa. 3. Coletar documentos antes que sejam necessários na conversa. 4. Coletar *boosts* necessários para evitar zumbis e estourá-los contra as paredes. 5. Clicar nos móveis e arrastá-los para impedir o progresso dos zumbis. Por trás da cena existem mecânicas para indicar para o não jogador, Dirk, para onde correr depois da conversa e o que fazer numa sala específica.

Identifique e descreva os elementos de jogo usados no jogo		
Estética História Sorte **Conflito** **Competição** Cooperação	Níveis Recursos **Recompensas** Estratégia **Tema** Tempo	Um elemento é o tema. O jogo se baseia na ideia de que as pessoas estão infectadas com o vírus zumbi, e os jogadores precisam vender seus produtos para introduzir um antídoto. Outro elemento é o conflito. Os jogadores estão em conflito com os zumbis, que, por sua vez, tentam eliminar sua força. O jogo oferece recompensas na forma de boosts amarelos que podem ser explodidos quando atirados contra as paredes ou usados para congelar os zumbis. A estética do jogo é sombria; o clima é de filme de terror. O jogo proporciona competição e um painel de liderança, onde os jogadores podem comparar seu progresso em relação aos outros.
Que tipo de feedback você obtém quanto ao seu desempenho?		
Os jogadores recebem várias dicas quanto ao seu progresso no jogo. Uma delas é de que se fizerem algo errado um zumbi aparece. Eles também conseguem visualizar o próprio progresso em cada elemento do modelo de vendas, por meio de um medidor que vai sendo completado.		
Outras informações		
O jogo utiliza um cenário envolvente e permite a aplicação eficaz de um treinamento de vendas.		

O processo de criar um jogo não precisa ser longo nem envolver muita complexidade. Ao analisar vários jogos de aprendizagem você começará a compreender de que maneira suas convenções e seus elementos diferem em relação aos jogos de entretenimento. Você também começará a tirar suas próprias conclusões sobre o que torna um jogo eficaz ou ineficaz.

Sua vez!

Agora que passamos pelo processo de fragmentação de um jogo de aprendizagem, aqui vai um bem simples para que você tente fazê-lo sozinho.

Password Blaster (**Figura 3-2**) é um jogo simples que dará a você uma boa ideia da diferença entre um jogo de aprendizagem e outro de entretenimento. Ele foi desenhado para mostrar aos aprendizes a diferença entre senhas fracas e fortes. Enquanto joga você precisará se lembrar de que está jogando esse jogo fora de seu contexto original. Ele é uma pequena parte dentro de um programa bem maior voltado para a proteção de dados. O objetivo do programa como um todo é fazer com que os empregados sigam as melhores práticas e mantenham as informações e os equipamentos da companhia seguros. Os funcionários já haviam participado de outras atividades de aprendizagem e tido acesso a uma revista on-line sobre proteção de dados. O jogo reforçou a ideia de criar senhas fortes.

Figura 3-2 – *Password Blaster*

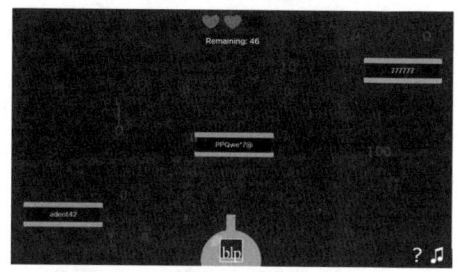

Para esse exercício você apenas jogará o jogo, sem ter acesso a outros elementos do programa. Você então o avaliará para determinar as diferenças entre jogos de entretenimento e aprendizagem.

Avalie o jogo acessando www.bottomlineperformance.com/passwordblaster, ou baixe-o em seu smartphone usando o Google Play ou o App Store e pesquisando "*Bottom-Line Performance Password Blaster*." Invista cerca de 5 minutos jogando e então complete a planilha encontrada no **Apêndice 3**. O gabarito encontra-se no **Apêndice 4**.

Deseja jogar outros jogos de aprendizagem?

Pode ser difícil encontrar jogos de aprendizagem para jogar e avaliar. Veja a seguir alguns websites disponíveis para acesso. Muitos dos jogos não são para alunos adultos, mas para crianças de 12 anos. De qualquer modo eles são ótimas fontes de ideias.

- **iCivics** (www.icivics.org/games) – Ele foi idealizado pela ex-juíza associada da Suprema Corte dos EUA, Sandra Day O'Connor. Ele foi projetado para fortalecer o aprendizado cívico por meio de atividades envolventes. Jogar esse jogo pode dar uma boa ideia de como essa técnica pode ser usada para se aprender a respeito de civismo naquele país.

- **Nobelprize.org** (www.nobelprize.org/education-network/) – Esse site possui vários jogos que se baseiam em trabalhos vencedores de Prêmios Nobel. Embora tenham como público-alvo crianças pequenas, a mescla de foco educacional e dinâmica de jogo pode ser bastante informativa para qualquer um que pense em projetar jogos de aprendizagem.
- **Games for Change** (www.gamesforchange.org/play) – Esse site possui uma grande variedade de jogos focados em promover mudanças sociais. Alguns são voltados para crianças, mas outros servem para todas as idades.

Fechamento

Jogos de aprendizagem representam um método eficaz de instrução. Todavia, eles precisam de foco num resultado específico. Além disso, quando se está criando jogos voltados para o aprendizado a ideia de "entretenimento" ostenta um papel secundário. No próximo capítulo discutiremos os seguintes tópicos: a conexão direta entre os objetivos de um jogo de aprendizagem e as necessidades do negócio; o desenvolvimento da "*persona*" do jogador; e a criação de um *checklist* de design instrucional para o desenvolvimento dos seus jogos de aprendizagem.

PARTE 2

Fazendo escolhas para o design de jogos de modo a sustentar o processo de aprendizagem

CAPÍTULO 4

Estabelecendo uma base adequada para seu jogo de aprendizagem

Neste capítulo

- *O motivo de se definir o objetivo organizacional ao implementar um jogo de aprendizagem*
- *O que é um objetivo instrucional?*
- *O que são "personas" de jogadores?*
- *Definindo restrições*
- *Definindo objetivos de aprendizagem*
- *Reunindo tudo: checklist do design instrucional*
- *Sua vez!*

Estamos prosseguindo em nosso processo de design de jogo de aprendizagem. Este capítulo se concentra na criação da base de design instrucional para o seu jogo (**Figura 4-1**).

Figura 4-1 – O Processo de Design do Jogo de Aprendizagem: Estabelecendo a Fundamentação de Aprendizagem

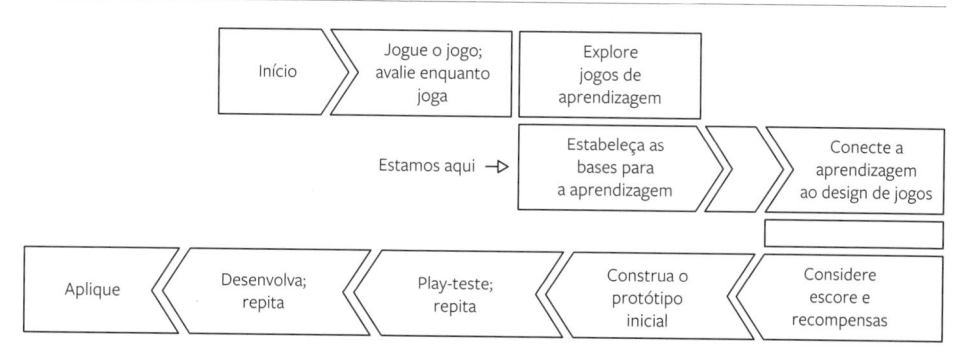

Início	Jogue o jogo; avalie enquanto joga	Explore jogos de aprendizagem	
	Estamos aqui →	Estabeleça as bases para a aprendizagem	Conecte a aprendizagem ao design de jogos
Aplique	Desenvolva; repita	Play-teste; repita	Construa o protótipo inicial	Considere escore e recompensas

Capítulo 4

Definindo as necessidades organizacionais

É bem provável que você já tenha ouvido esse conselho antes: identifique claramente o problema que precisa solucionar antes mesmo de começar a trabalhar nele, e então concorde quanto à forma como o sucesso será mensurado.

Tendo isso em mente, antes de se aventurar na criação de um jogo de aprendizagem tenha a certeza de compreender o problema que espera resolver em seu negócio, e saiba de que modo irá avaliar se ele foi de fato resolvido. A partir daí, certifique-se de criar um objetivo instrucional e de assegurar que as metas de aprendizagem estejam alinhadas com a solução do problema. Se pretende pedir a seus funcionários que joguem um jogo, este precisará: 1- estar associado à questão da aprendizagem; e 2- ser capaz de ajudá-los a melhorar seu próprio desempenho profissional.

Comecemos pelas necessidades de uma organização que podem ser atendidas por meio de treinamento. Lembrando que o atingimento de objetivos organizacionais por uma empresa levará a resultados mensuráveis. A **Tabela 4.1** nos apresenta três exemplos de necessidades de negócios e evidências quantificáveis de mudanças, todos baseados em projetos que realizamos no passado.

Tabela 4-1 – Exemplos de Necessidades Organizacionais

Necessidade ou Problema Organizacional	Objetivo Quantificável ou Evidência de Sucesso	Impacto no Negócio
O tempo para o aumento de produtividade dos novos contratados precisa ser reduzido. Atualmente leva-se quase 12 meses para que um indivíduo alcance total capacidade no cargo.	Redução no tempo para o aumento de produtividade; capacidade de lidar com a maioria das tarefas comuns associadas ao cargo sem assistência dentro de 6 meses da contratação.	• Aumento na receita gerada por funcionários plenamente produtivos. • Diminuição nos custos associados ao tempo investido com a capacitação de novos funcionários.
A rotatividade de empregados é mais elevada que a média do setor. Operações diárias em restaurantes são estressantes, o que afeta o nível de satisfação dos clientes e reduz a lucratividade.	Diminuição no índice de rotatividade de 300 para 250 por cento (redução de 17%).	• Aprimoramento nos níveis de satisfação dos clientes. • Diminuição nos custos de recrutamento e contratação. • Diminuição na rotatividade em nível gerencial causada por síndrome de *burnout* e estresse, ambos comuns em processos de contratação e treinamento.

O tempo de treinamento requerido para se treinar novos clientes de uma unidade de testes laboratoriais é muito longo e suas necessidades de suporte persistem por muitos meses.	Diminuição no tempo de treinamento *in loco* de 4 semanas para 5 dias; diminuição no número de chamadas de suporte em pelo menos 10%.	• Ampliação da capacidade de atendimento por parte dos atendentes técnicos, de modo que sejam capazes de fornecer suporte a um número maior de clientes. • Redução de custos com suporte ao cliente.

É possível projetar jogos de aprendizagem que ajudem a solucionar todos esses problemas organizacionais. Todavia, isso somente ocorrerá se você souber de antemão que problema de fato precisa resolver. Sem uma direção clara em relação tanto ao problema quanto à métrica, talvez se consiga até desenvolver jogos bem divertidos, porém, que não representem valor real para a sua empresa.

Talvez você imagine que bastaria perguntar a um *stakeholder* ou a um especialista num determinado assunto que problema cada um gostaria de resolver em sua área específica de atuação, e ambos facilmente lhe diriam. Contudo, às vezes esse tipo de indagação pode levar a uma resposta do tipo: "Eu não faço a mínima ideia."

Não é preciso, entretanto, aceitar esse feedback inicial. Veja um exemplo de como proceder diante dessa situação. Digamos que a primeira coisa que o especialista diga seja: "Não temos números para sustentar esse dado, mas temos ouvido as pessoas da área dizerem que isso é um problema. Conversei com nossos cientistas no laboratório e eles nos disseram que têm respondido as mesmas perguntas repetidas vezes. Eles compartilham informações básicas que representantes de campo já deveriam conhecer. Se eles fossem capazes de responder a essas perguntas, sei que isso seria bom para a nossa empresa."

Esse especialista pode estar correto em sua avaliação, mas ainda assim seria preciso obter mais informações. Se de fato isso é um grande problema que está custando dinheiro para a empresa, há uma boa chance de que não seja assim tão difícil conseguir mais dados.

Para ajudar a quantificar essa questão, assim como seu impacto sobre a companhia, pode-se perguntar o seguinte: "Quantos químicos são afetados pela necessidade de um representante de vendas ligar diretamente para eles para obter suporte técnico?" A partir daí, pode-se conversar com os químicos e indagar: "Numa semana específica, a quantas ligações ou e-mails de representantes de vendas vocês respondem, e quais são as questões mais comuns levantadas por esses interlocutores? Quanto tempo em média vocês gastam nisso por semana – 30 minutos, uma hora, duas horas?"

Também é possível pedir aos distribuidores que forneçam insights por meio das seguintes perguntas:

- Com que frequência você pergunta a um representante de vendas algo que ele ou ela não consiga responder imediatamente?
- Caso um representante de vendas não consiga responder imediatamente a uma pergunta, você seria capaz de quantificar qualquer que seja o impacto financeiro direto disso (em valor monetário) sobre o seu negócio?
- De que maneira suas expectativas em relação à habilidade de um representante em responder imediatamente as perguntas costumam afetar sua percepção da ACME (American Corporation Manufacturing Everything) como fornecedor?

Outra técnica que se pode utilizar é pedir a um *stakeholder* – alguém que faça parte do processo como um todo – que associe um valor monetário a qualquer problema que ele possa descrever-lhe. Mas por que em termos monetários? Que tipo de benefício teria a ACME em solucionar esse problema? Às vezes, o ato de pedir a um *stakeholder* ou especialista que associe um valor monetário a um problema poderá ajudá-lo a perceber que precisa de mais informações sobre essa dificuldade antes de aventurar-se no projeto da solução mais adequada para ela!

Se o problema for equivalente a U$ 10,000 ou menos, não se estará diante de uma solução de aprendizagem tão gigantesca. Se esse for o caso, será que você realmente conseguirá efetuar uma mudança em termos de desempenho? Mesmo que uma solução seja totalmente projetada, desenvolvida e entregue no ambiente interno, é bem provável que o seu custo logo alcance pelo menos U$ 10,000, considerando-se o tempo que será gasto por um designer ao projetar e desenvolver o programa, por um especialista do setor ao fornecer o conteúdo, e pelos funcionários envolvidos no processo de completar o programa de treinamento.

Definindo o objetivo instrucional

Uma vez que estejam claros não apenas o problema organizacional para o qual se precisa de respostas, mas também o alvo operacional, será possível formular os objetivos instrucionais de sua solução de aprendizagem – algo que com frequência consistirá em algo mais que um jogo de aprendizagem. Conforme discutido no

Capítulo 3, é melhor incluir um jogo dentro de um programa de treinamento mais completo do que utilizá-lo de maneira isolada para tentar solucionar todo um conjunto de objetivos de aprendizagem. Ou seja, diversas ferramentas podem ser usadas para se atingir o objetivo instrucional, mas, embora os jogos façam parte desse conjunto, eles não são a única opção.

Seu objetivo instrucional deveria descrever o estado final desejado no que concerne ao desempenho do aprendiz. Ele deve sustentar o objetivo organizacional e se mostrar verificável. Você então usará objetivos de aprendizagem para definir tudo o que os aprendizes precisarão saber para alcançar o objetivo instrucional.

A **Tabela 4-2** apresenta exemplos de três necessidades organizacionais, assim como dos objetivos instrucionais associados aos programas de treinamento que desenvolvemos para ajudar a atendê-las.

Tabela 4-2 – Necessidades Organizacionais e Objetivos Instrucionais Relacionados

Necessidade Organizacional	Objetivo Instrucional
Aumentar o número de unidades vendidas por cliente	Depois de jogar esse jogo, os representantes de vendas expandirão sua percepção quanto aos tipos de clientes para os quais poderão vender. Eles serão capazes de associar famílias de produtos relevantes a uma variedade de usos e tecnologias dentro de grupos específicos de clientes.
Diminuir o tempo de produtividade dos novos contratados	No final do primeiro ano, novos associados poderão completar pesquisa e trabalho de campo de forma independente, realizar as tarefas mais importantes e os procedimentos administrativos exigidos dentro de seu grupo de trabalho. (Nota: esse objetivo gerou um programa completo; um jogo foi criado como uma solução dentro desse programa.)
Instrumentalizar melhor os representantes	Por meio da utilização de histórias, os Gerentes de Contabilidade serão capazes de comunicar fluentemente a proposta de valor correta de cada produto.

Depois de concordar com um objetivo instrucional, é preciso obter um quadro claro dos aprendizes que terão de ser alcançados com o jogo. Isso inclui desenhar a *persona* do jogador (ou talvez várias *personas*, caso espere diferentes públicos para esse jogo) como seu próximo passo.

Modelando a *persona* do jogador

A maioria dos profissionais das áreas de aprendizagem e desenvolvimento está familiarizada com a necessidade de análise do público. Para maximizar a eficácia do seu jogo de aprendizagem, é preciso analisar as pessoas que irão jogá-lo. Ao modelar a *persona* de um jogador, pode-se ir além de uma típica análise de público-alvo e pintar um quadro realista do tipo de indivíduo que de fato irá jogar o seu jogo. Isso significa mais que a simples coleta de dados demográficos. O ideal é ouvir seu público – as pessoas que serão os verdadeiros aprendizes –, para saber o que de fato eles têm em mente. Se isso não for possível, certifique-se de que sua equipe de design fale com indivíduos que já ocuparam essa posição ou até mesmo com os gestores desses aprendizes.

Profissionais de marketing há muito tempo utilizam a *persona* do comprador para obter uma visão clara da figura do indivíduo para o qual estão vendendo, para compreender o que os motiva e saber quais estratégias funcionam melhor para atingi-los. Eles baseiam essas *personas* em dados reais de pesquisa de mercado, mas as tornam ficcionais até certo ponto, de modo a descrever um único comprador. Isso personaliza o comprador para o marqueteiro.

A *persona* de seu jogador deveria ser similar. Baseie-a na pesquisa que fizer para ajudá-lo a compreender seus objetivos, suas motivações, seus desafios e seus fluxos de trabalho diário. Acrescente a isso quaisquer dados que existirem na empresa, como idade, gênero, histórico educacional, anos de experiência e assim por diante. A **Tabela 4-3** oferece um exemplo de ferramenta que você poderá usar na criação de uma *persona*. A coluna da esquerda identifica o tipo de informação que deseja reunir e as perguntas que deve fazer. A coluna da direita é um exemplo que mostra o nível certo de informação que deverá reunir.

Tabela 4-3 – Ferramenta de Levantamento de Informações para *Persona* de Jogador

Elemento da Persona e Descrição	Exemplo
Nome: dê um nome para sua *persona*. Você quer que ela seja real para você, e não apenas um conjunto de estatísticas.	Cheryl
Elementos demográficos (idade, gênero, etnicidade, instrução etc.): faça com que seu treinamento se pareça com seu aprendiz. Não presuma nada!	41 anos, sexo feminino, caucasiana. Formação: Artes, 3º grau. Pós-graduação em Comunicações. Várias distinções acadêmicas.
Experimente com a empresa, entrando no papel: o que representa o seu aprendiz? Use um modelo mediano, não um que represente a média. Médias podem ser enganosas.	10 anos de vivência em vendas na área farmacêutica, com experiência em três áreas terapêuticas: cardiovascular, cuidados primários e gastrenterologia. Migrou para a venda de produtos biológicos há três anos.
Maiores desafios no trabalho: a maioria das posições enfrenta desafios comuns; encontre-os e inclua-os em sua *persona*.	• Ritmo – os dias são longos. • Manter-se atualizada – sempre há mais que poderia ler para manter-se atualizada em relação a tendências, problemas e concorrentes.
O que a pessoa mais valoriza na posição? O que motiva essa pessoa no que se refere a essa posição? O que faz com que ela queira fazer esse trabalho específico? Seu treinamento poderá reconhecer tanto os desafios quanto os valores.	• Ser confiável • Saber que seu produto ajuda pacientes a ter uma melhor qualidade de vida • Alcançar objetivos que estabelece para si mesma
Fluxo do dia de trabalho: como é o dia do início ao fim? Seu treinamento deveria refletir a compreensão do fluxo de um dia completo.	• Pelo fato de o seu território ser urbano, Cheryl pode incluir até oito visitas diárias em sua agenda. • Ela se levanta às 6:00 h; seus filhos às 6:30 h. Seu dia de "trabalho" começa às 7:30 h e geralmente termina às 22, embora ela faça um intervalo no final da tarde. • As noites variam. Se ela tiver um compromisso de trabalho, ela poderá jantar com um profissional da área de saúde, por exemplo. Se ela não tiver uma reunião, utilizará esse tempo para planejar seus telefonemas para o dia seguinte, inserir dados no programa *Salesforce*, ler material relacionado ao trabalho ou responder e-mails.

Elemento da Persona e Descrição	Exemplo
Fluxo do chamado de vendas: esteja ciente sobre como o representante vende o produto sobre o qual está tentando fazê-lo aprender mais. Saiba quanto tempo demora uma visita de vendas. Mapeie o que acredita que um representante precisa saber sobre o produto e também sobre o que ele poderá fazer com o material de que dispõe durante uma visita. **Tipos de chamada feitas num dia típico:** descubra os tipos de chamada que ocorrem durante um dia comum. Se existirem vários tipos, certifique-se de que o treinamento reflita isso.	• As chamadas precisam obedecer a um processo "prioritário" numa espécie de "escada". Chamadas feitas pela manhã têm objetivos diferentes daquelas feitas em outros períodos. Cada "patamar" ostenta um propósito distinto e uma mensagem associada a ele. • A duração de cada chamada varia de 5 a 20 minutos. • Chamadas pela manhã se concentram em esclarecer aos profissionais de saúde sobre categorias de produtos. Chamadas ocorridas mais tarde oferecem informações sobre produtos específicos. • Há duas categorias de clientes: os clínicos e os farmacêuticos. • O deslocamento entre o ponto mais baixo da "escada" até o mais alto pode levar entre seis semanas até alguns meses.
Equipamentos e o modo como eles são usados durante um dia de trabalho: projete o treinamento de modo a usar o equipamento que os representantes utilizam com maior frequência.	• Ela usa um laptop durante as manhãs e no fim da noite. Realiza atividades de planejamento, registra informações no programa *Salesforce*; realiza cursos de *e-learning* (porque eles não estão disponíveis para smartphone ou tablet). • O telefone está constantemente em suas mãos. Ela o utiliza para verificar seus compromissos, checar e responder e-mails e mensagens de voz, e inserir pequenas informações no *Salesforce*, entre as ligações. • Ela usa o tablet para acessar suporte de vendas ao conversar com profissionais de saúde, caso seja necessário e/ou adequado.
Onde o treinamento *self-paced* (ritmo individual) será realizado: o ambiente importa, pois ele revela quão distraídos os representantes se mostrarão, quanto tempo é realista alocar para os segmentos de ritmo individual, e, inclusive, se o som é uma característica que deve ou não ser incluída.	• Sempre que consegue encaixar. Em geral ela está em casa, tarde à noite, enquanto experimenta um chá de ervas ou uma taça de vinho. Às vezes ela começa seu dia com isso, deixando para uma sexta-feira, quando normalmente trabalha mais em casa. • Se tivesse acesso pelo telefone, ela poderia fazer pequenas porções entre os contatos de vendas ou enquanto almoça.
O que eles jogam e a quantidade de tempo gasto: pergunte ao público-alvo que jogos eles costumam jogar, quanto tempo eles costumam jogar e quão frequentemente eles jogam.	• Cheryl sente-se um pouco envergonhada em admitir, mas é absolutamente viciada em *Candy Crush* e outros joguinhos desse tipo. É quase como um aliviador de estresse para ela. Ela o joga sempre que está numa fila. • Ela também gosta de jogar jogos de tabuleiro com os filhos.

Uma vez que tenha reunido todas as informações no formato de tabela, o próximo passo será convertê-las para outro que seja mais útil para toda a equipe. Em geral as *personas* são apresentadas para a equipe de trabalho na forma de slides ou em folhas impressas colocadas num mural, para que possa servir de referência ao longo de todo o desenvolvimento da solução. A **Figura 4-2** mostra um exemplo desse formato com uma versão mais concisa de *persona*. Usamos a imagem de Sharon para servir de exemplo para inclusão no sumário de uma *persona*.

Figura 4-2 – Exemplo de *Persona* Aprendiz Criada para o Jogo

"Mostre-me como usar informações durante um contato de vendas. Mantenha-o simples. Torne-o fácil de avaliar e usar."

Desafios
- Terminar tudo num só dia
- Manter-se atualizada com o que há de novo

Valores
- Conhecer o produto ajuda os pacientes a se sentirem melhor
- Ser uma voz confiável para os fornecedores de cuidados/assistência médica
- Alcançar seus objetivos pessoais

- **Perfil Pessoal**
Cheryl tem 41; ela tem dois filhos e é bastante ativa, entre a vida profissional e as atividades das crianças. Ela já trabalha na Axis Pharma há 10 anos, sempre como representante de vendas. Ela é uma profissional experiente e tem orgulho de sua habilidade como representante.

- **Um Dia em Sua Vida**
Os dias são longos. Cheryl acorda às 6:00. O dia de trabalho começa às 7:30 h, mas pode terminar somente por volta das 22, quando ela encerra suas atividades com um jantar comercial, respondendo a e-mails ou inserindo dados no *Salesforce*. Seu território é urbano; ela realiza em torno de oito atendimentos por dia.

- **Fluxo de Contatos de Vendas**
Há uma "abordagem em escada" para a venda de produtos. As primeiras duas ou três chamadas têm como foco a categoria do produto; as duas ou três chamadas seguintes se concentram no produto propriamente dito. Há um objetivo e uma mensagem específicos para cada tipo de chamada. Galgar essa escada numa nova conta pode levar entre semanas e meses. A duração das chamadas pode levar entre 5 e 20 minutos, dependendo dos objetivos e da disponibilidade do provedor de saúde.

- **Dispositivos e jogos**
Cheryl começa e termina seus dias com seu laptop. Seu telefone é o que ela usa durante o dia para e-mail, *voicemail* e pesquisa na internet. Ela também usa seu tablet, especialmente durante as vendas. Cheryl gosta de jogos rápidos de celular, que podem ser usados como "passatempo". Ocasionalmente, ela e sua família também apreciam jogos de tabuleiro ou jogos de carta que sejam fáceis de aprender e jogar. Eles gostam de passar entre uma e duas horas jogando juntos, o que geralmente acontece uma vez por mês.

Definindo restrições

Todo projeto apresenta restrições. Todo jogo que você cria deveria considerar limitações de seus jogadores ou do ambiente de jogo, tais como as seguintes:

- **Limite de tempo.** Esse é o período razoável ao longo do qual você pode esperar que os jogadores irão se concentrar no seu jogo em meio às suas responsabilidades profissionais e pressões inerentes. A quantidade de tempo disponível afeta o escopo e a complexidade do jogo, assim como o conteúdo que será incluído.
- **Local em que os jogadores poderão jogar o jogo.** Os jogadores irão disputá-lo num ambiente barulhento? O grau de distração que um jogador terá certamente exercerá um impacto sobre a complexidade. Isso também poderá afetar o uso do som.
- **Dispositivos mais frequentemente disponíveis para os jogadores.** Para jogos digitais, é interessante evitar desenhar para laptops caso você já saiba que os jogadores terão acesso mais frequentemente a seus próprios celulares.
- **Restrições técnicas impostas pela organização.** Por exemplo, o jogo precisa que informações sejam passadas para o seu LMS (Sistema de Gestão de Aprendizagem)? Ele precisa rodar nos sistemas Android e iOS? Será necessário fazer download? Lembre-se: caso esteja planejando criar um jogo digital, envolva o pessoal de TI logo no início de seu projeto.
- **Desenvolvimento e restrições de tempo.** Quanto tempo você tem para desenvolver o jogo? Se tiver duas semanas não poderá desenvolver o mesmo tipo de jogo que poderia caso tivesse seis meses.
- **Limitações de recursos.** As habilidades e capacitações de sua equipe irão influenciar no tipo de jogo que conseguirá desenvolver. A quantidade de dinheiro que puder gastar também afetará o resultado.
- **Atitudes e experiências de seus jogadores-alvo.** Não há sentido em desenvolver uma experiência imersiva e para multijogadores para um público-alvo que seja totalmente não familiarizado com esse gênero de jogos. Concentre-se no tipo de jogo que terá mais sucesso com essas pessoas.

Na *persona* de jogador mostrada na **Figura 4-2**, a informação nos leva às seguintes conclusões possíveis:

- O tempo disponível do jogador será extremamente limitado e aparecerá em pequenos segmentos. Qualquer jogo de ritmo individualizado e on-line precisará ter curta duração.
- O jogo deverá ser simples. Ele será jogado em curtos espaços de tempo, portanto, ele precisará de regras simples, fáceis de aprender e lembrar.
- O conteúdo deverá se concentrar em ambientes e cenários de vendas, e não em simples *recall* (memorização). Isso tornará o jogo mais significativo para jogadores-alvo e para mantê-los motivados para jogar.
- Pontos e recompensas precisam ser atraentes conforme os objetivos dos jogadores. Um placar registrando oscilações nas somas em dinheiros, nos percentuais de regiões adquiridas, ou até mesmo nos níveis de satisfação dos clientes, conforme as decisões dos jogadores, pode ser bastante chamativo.
- O conteúdo do jogo deveria refletir a "escada de chamadas" feitas pelos representantes para fechar uma venda.
- Pelo fato de os representantes estarem primariamente utilizando um telefone, um jogo que utilize esse tipo de dispositivo – em vez de um laptop – pode ser melhor.
- Num ambiente presencial, jogos de tabuleiro funcionarão bem.

Definindo objetivos de aprendizagem

Você tem um claro problema organizacional, um objetivo instrucional relacionado a ele e um quadro claro de seus jogadores. Seu próximo passo é definir seus objetivos de aprendizagem, que, aliás, devem servir para ajudá-lo a responder à importante pergunta a seguir:
- Aprender
- Saber fazer
- Acreditar ou sentir?

Utilize a Taxonomia de Bloom para ajudá-lo a modelar seus objetivos e corretamente avaliar que nível de habilidade cognitiva os aprendizes precisam para atingirem seu objetivo. Saiba que esses níveis não funcionam em isolamento uns dos outros. A maioria das tarefas exige que múltiplos níveis de cognição sejam usados simultaneamente. Porém, Bloom nos oferece uma forma razoável de organizar a experiência de aprendizagem de modo que os aprendizes possam construir suas habilidades em fases. Seu modelo categoriza o aprendizado em seis níveis de pensamento, com cada um deles acrescentando mais complexidade ao processo. A taxonomia original é de 1956, com um modelo revisado desenvolvido em 2001. Essa nova versão inverte os dois últimos níveis e usa diferentes sinônimos para descrever o nível mais baixo da cognição.

Sua tarefa como designer do jogo de aprendizagem é escolher um tipo de jogo que possibilite ao jogador atingir a habilidade cognitiva demandada. Acima de tudo, certifique-se de que os objetivos de aprendizagem o levem até seu objetivo instrucional e de que o tipo de jogo escolhido possibilite aos jogadores atingir suas metas.

Uma vez que saiba o nível de habilidade desejado para os jogadores, você poderá escolher o tipo de jogo que irá ajudá-los a alcançar tal meta. A **Tabela 4-4** resume a taxonomia original e oferece sugestões quanto a tipos de jogos apropriados para cada nível. A coluna da esquerda define a habilidade cognitiva. A do meio lista exemplos de comportamentos que você poderá incluir em objetivos de aprendizagem que têm como meta aquele nível. A coluna da direita identifica tipos de jogos que funcionam bem para aquele nível. A lista não esgota todas as possibilidades; ela apresenta apenas algumas ideias iniciais.

Você também verá que alguns tipos de jogos podem funcionar para múltiplos níveis. Além disso, o conteúdo dentro do seu jogo pode ditar que nível de habilidade cognitiva é necessária para jogar e sair-se bem. Um jogo ao estilo *quiz* pode concentrar-se primariamente na memória do jogador, ou exigir habilidades de nível mais elevado em análise, síntese ou avaliação, dependendo de como você estruturar a pergunta e do conteúdo que incluir nele.

Tabela 4-4 – Taxonomia de Bloom e Tipos de Jogos

Habilidades Cognitivas	Amostra de Verbos para Objetivos de Aprendizagem nesse Nível (Barton 1997)	Tipos de Jogos a Considerar
Nível 1: Conhecimento – Saiba e se lembre de fatos e de ideias.	Liste, identifique, reconheça, nomeie, combine, selecione, recite	Jogos de *quiz*, *arcade* (tipo fliperama), jogos de combinações, jogos estilo show
Nível 2: Compreensão – Compreenda os fatos ou as ideias; esteja apto a explicá-los corretamente.	Explique, descreva, compare, contraste, distinga, resuma, reformule, diga	Jogos de *quiz*, jogos de coleção ou classificação, jogos de exploração, jogos de "contação" de história

Habilidades Cognitivas	Amostra de Verbos para Objetivos de Aprendizagem nesse Nível (Barton 1997)	Tipos de Jogos a Considerar
Nível 3: Aplicação – Use fatos ou ideias para solucionar problemas ou responder a situações.	Use, demonstre, escolha, solucione, organize, desenvolva, construa, utilize	Jogos de *quiz* baseados em história ou cenários, jogos de combinações, jogos de encenação, jogos de tomada de decisão envolvendo cenários, jogos de simulações
Nível 4: Análise – Decomponha a informação em partes e identifique as causas; faça inferências e forme generalizações com base no exame dos fatos.	Analise, compare, infira, categorize, classifique, distinga, conclua, descreva relações	Jogos de estratégia
Nível 5: Síntese – Organize e combine informações para formar soluções alternativas.	Compile, crie, estime, invente, escolha, desenhe, prediga, combine, desenvolva	Jogos de construção, jogos de simulações
Nível 6: Avaliação – Julgue a informação e os fatos diante de um conjunto de critérios. Forme opiniões e ideias com base nesse julgamento e esteja apto a defendê-las.	Determine, critique, decida, priorize, avalie, estime, deduza, justifique	Jogos de simulações, jogos de RPG

Veja a seguir um exemplo de performance e objetivos de aprendizagem associados. O objetivo de performance tem como meta habilidades de Nível 3 (aplicação), mas para ser eficaz o representante de vendas talvez também possa usar algumas habilidades de Nível 4 (análise). Identificamos o nível de habilidade de cada objetivo. Você pode criar jogos para um, para alguns ou para todos os objetivos.

Objetivo de performance: gerentes de contabilidade podem comunicar a proposta de valor correta de cada produto por meio da utilização de histórias. Os objetivos de aprendizagem que os aprendizes precisam dominar para atingir o objetivo incluem:

- Selecionar as ferramentas apropriadas para sustentar o sistema. (Nível 1)
- Explicar as características, os benefícios associados e as histórias. (Nível 2)

- Considerada a necessidade de um cliente, escolher as características adequadas e articular o benefício associado. (Nível 3)
- Fazer as perguntas corretas para descobrir as necessidades do cliente. (Nível 3)
- Adequar a proposta de valor e as histórias conforme as necessidades do cliente. (Nível 4)
- Considerando um cliente real, montar uma história apropriada. (Nível 5)
- Superar as objeções do cliente. (Nível 6)

Jogos simples podem levar a raciocínios complexos

Não pressuponha que permanecer num nível mais baixo signifique que o pensamento exigido seja mais simples ou não valioso. Um jogo desenhado para permitir a compreensão pode ser bastante poderoso e suscitar mudanças. Em sua TED Talk "*Games for a Change*," a designer de jogos Brenda Brathwaite (2012) descreveu um jogo enganosamente simples que ela criara para sua filha de 7 anos. Na época ela compartilhou com a plateia que sua filha estava estudando o Tráfego Negreiro na escola, mas, embora conseguisse recitar fatos a respeito daquela jornada histórica, claramente não compreendia o significado por trás de tudo aquilo. Então, Brathwaite utilizou um cartão de anotação como se fosse um barco e peças de um jogo para representar membros de famílias africanas que eram capturados por comerciantes de escravos. Sua filha os pintou de várias cores, com cada uma delas representando uma família. Em seguida, Brathwaite e a filha encheram o barco de pessoas. O jogo tinha quatro regras:

- O jogo tem dez rodadas.
- Há 30 unidades de comida.
- Em cada volta, joga-se o dado.
- Usa-se uma quantidade de comida.

Conforme sua filha jogava o dado, tornava-se claro que não haveria comida suficiente para toda a jornada. Pessoas iriam morrer. Foi então que a filha de Brathwaite percebeu que o Tráfego Negreiro era mais que uma história. Ela viu que os membros das famílias eram separados e que essa não era uma viagem que as pessoas gostariam de fazer. O jogo ajudou sua filha a converter simples fatos em compreensão.

Checklist para o design instrucional

A **Tabela 4-5** compila tudo o que foi discutido neste capítulo em um formato que você poderá utilizar para começar a documentar o design instrucional dos seus jogos. As questões apresentadas nele não são exaustivas, mas irão ajudá-lo a começar. O próximo capítulo adicionará questões focadas no design de jogos e no modo como você irá conectar decisões de design de jogos à sua meta instrucional, às *personas* de jogadores, aos objetivos de aprendizagem e às restrições.

Tabela 4-5 – *Checklist* de Jogos de Aprendizagem: Parte 1: Perguntas para o Design Instrucional

Necessidade Organizacional

• Que necessidade organizacional está levando ao uso de um jogo de aprendizagem?
  ☐ Necessidade de aumentar vendas ou apoiar o lançamento de um novo produto?
  ☐ Reclamação de clientes ou serviço de atendimento ao cliente ineficiente?
  ☐ Necessidade de atender a regulamentações do governo?
• Que indicadores evidenciariam que um jogo foi útil em resolver a necessidade organizacional?
  ☐ Queda nos custos?
  ☐ Redução no tempo para que um funcionário se torne totalmente produtivo?
  ☐ Maior produtividade?
  ☐ Maior retorno?
  ☐ Maiores margens de lucro?
  ☐ Outro?

Objetivo Instrucional
• O que os jogadores farão no trabalho se aprenderem com o jogo? • Que comportamentos poderão eliminar o problema ou solucionar a necessidade da empresa?
Objetivos de Aprendizagem
• O que os jogadores precisam saber para atingir o objetivo instrucional? • O que eles precisam saber fazer? • No que precisam acreditar e o que precisam sentir? • Que erros comuns eles provavelmente cometerão e desejamos que eles evitem?

Persona do Jogador

- Nome representativo
- Informações demográficas chave e experiência relevante
- Afirmação de necessidade
- Maiores desafios
- Motivadores e valores
- Fluxo de trabalho e realidade do dia a dia
- Dispositivos utilizados
- Experiência em jogos e expectativas

Restrições a considerar

- Tecnologia (dispositivos, sistemas operacionais, Sistema de Gestão de Aprendizagem, TI e segurança)
- Limitações de tempo (tanto para o desenvolvedor quanto para o jogador)
- Recursos e expertise disponíveis para produzir e sustentar o jogo

Sua vez!

O **Apêndice 5** oferece uma ficha em branco que pode servir para você iniciar o design do seu próprio documento. Use-o para registrar o design instrucional para um jogo que deseje criar. Conforme precisar, releia as explicações e os exemplos apresentados neste capítulo para produzir um resumo do seu projeto instrucional. Note que o seu documento de design poderá resumir informações da *persona* do jogador que você criar, sem incluir todos os detalhes envolvidos.

Fechamento

Um bom design instrucional é a base para um bom jogo de aprendizagem. Certifique-se de compreender o tipo de problema que está tentando solucionar, de saber como irá mensurar se foi bem-sucedido, e identificar quais metas e objetivos instrucionais o levaram a solucioná-lo. Por fim, tenha a certeza de possuir um quadro bem claro do seu jogador e de estar ciente de qualquer tipo de restrição a ser considerada conforme começar a desenhar sua solução.

CAPÍTULO 5

Conectando a aprendizagem ao design do jogo

Neste capítulo

- *De que maneira os objetivos instrucionais são considerados dentro do design de um jogo*
- *Por que motivo é preciso combinar a dinâmica central e a mecânica do jogo com as necessidades de aprendizado?*
- *Como são escolhidos os elementos do jogo que sustentam o aprendizado?*
- *Sua vez!*

Estamos prontos para começar a pensar sobre o design do jogo (**Figura 5-1**). Este capítulo discorre sobre os objetivos, as regras e os elementos do jogo.

Figura 5-1 – O Processo de Design de um Jogo de Aprendizagem: Associando a Aprendizagem ao Design do Jogo

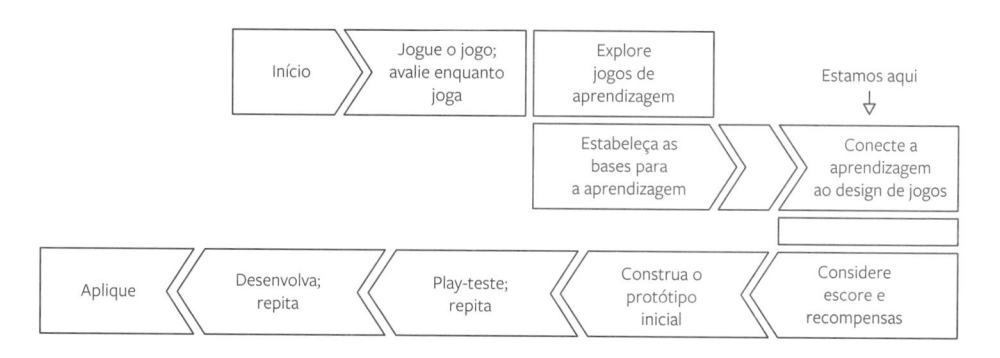

```
Início → Jogue o jogo; avalie enquanto joga → Explore jogos de aprendizagem → Estamos aqui
                                              ↓
                                              Estabeleça as bases para a aprendizagem → Conecte a aprendizagem ao design de jogos

Aplique ← Desenvolva; repita ← Play-teste; repita ← Construa o protótipo inicial ← Considere escore e recompensas
```

No **Capítulo 4** identificamos a base de aprendizagem que precisava ser criada para começarmos a desenhar um jogo. Este capítulo se concentra em aspectos mais específicos do design de jogos: seus objetivos, suas mecânicas e seus elementos. Pensar nas decisões relacionadas a esses componentes irá ajudá-lo a equilibrar duas necessidades cruciais para os aprendizes: mantê-los envolvidos e aprendendo.

Objetivo instrucional como trampolim para o design de jogos

O **Capítulo 3** apresentou os objetivos instrucionais como um elemento distinto dos jogos de aprendizagem. A meta instrucional e as metas de aprendizado associados são um trampolim para o diálogo no design do seu jogo de aprendizagem. Essa "conversa" geralmente começa quando olhamos para a meta instrucional e para as metas de aprendizagem e fazemos um *brainstorm* de ideias visando chegar a objetivos de jogo que reflitam os interesses do seu público-alvo. A **Tabela 5-1** nos oferece três exemplos. Cada jogo nessa tabela foi criado para representantes de vendas, e demandava que os jogadores construíssem algo ou atingissem uma meta específica de vendas.

A meta instrucional nada tem a ver com vencer o jogo. Ele define o que os jogadores saberão e o que estarão aptos a fazer como resultado de jogá-lo. Como ilustrado na **Tabela 5-1**, certifique-se de que seu documento liste os aprendizes-alvo, o objetivo instrucional, o tipo de jogo, a meta do jogo e a dinâmica central que planeja utilizar. Você então poderá mapear suas demais decisões relacionadas ao design para esse objetivo e essa dinâmica central.

Tabela 5-1 – Exemplos de como um Objetivo Instrucional Norteia o Design de um Jogo

O Tipo de Formulação Importa

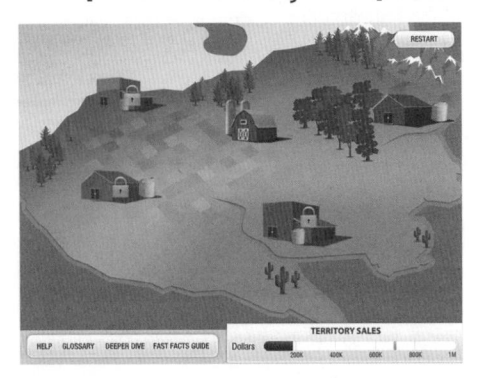

Público-alvo: Representantes de Vendas
Objetivo Instrucional: Representantes de vendas se utilizarão de *Fast Facts Guides* (Guias de Informações Rápidas e curiosidades) e documentos *Deep Dive* (de Conteúdo Integral e aprofundado), para oferecer aos clientes todas as informações corretas sobre como solucionar ou prevenir problemas relacionados aos produtos no que se refere ao tipo de formulação.
Tipo do jogo: Digital, PC
Objetivo do jogo: Ganhar pelo menos U$ 700,000 em vendas; maximizar as avaliações dos clientes enquanto o faz.
Dinâmica central: Solucionar

TE Town

Público-alvo: Representantes de Distribuição Independentes
Objetivo Instrucional: Reconhecer oportunidades de venda de produtos da TE junto a um grande número de clientes e em diversas aplicações, resultando no aumento no número de unidades comercializadas por cliente (antigo e novo). *Benchmarks* específicos:
- No prazo de 12 meses, aumentar o número de unidades vendidas por cliente em 12%;
- No prazo de 2 anos, aumentar o número de unidades vendidas por cliente em 30%.

Tipo do jogo: Celular, informal
Objetivo do jogo: Construir uma cidade e atingir o nível mais elevado possível no jogo.
Dinâmica central: Construir ou edificar (os minijogos individuais dentro de um jogo maior possuiam dinâmicas diferentes, mas jogar esses jogos ajudou a construir sua cidade e avançar para diferentes níveis).

Virópolis

Público-alvo: Representantes de Vendas em Empresa de Equipamentos Médicos
Objetivo Instrucional: Considerando as necessidades específicas de cada tipo de cliente, executar o processo de vendas de maneira adequada para cada um deles. Isso significa fazer as perguntas mais apropriadas, utilizando afirmações de posicionamento adequadas e fazendo recomendações específicas com base nas respostas fornecidas.
Tipo do jogo: Jogo de mesa de tabuleiro.
Objetivo do jogo: Encher uma cidade com prédios bem altos.
Dinâmica central: Solucionar e construir ou edificar (os jogadores tiveram de resolver problemas para construir suas cidades).

À medida que você cria objetivos de jogo para seu próprio jogo de aprendizagem, siga as dicas na sequência:

- Certifique-se de que o objetivo do jogo se concentra no desafio dentro do jogo que os jogadores precisam superar, mas que a meta instrucional foque no conhecimento e na mudança comportamental que serão verificados após o término do jogo.
- Crie seu objetivo de jogo de modo a atrair seu público-alvo, conforme o papel que eles terão de desempenhar em sua função na vida real. Por exemplo, se eles forem representantes de vendas, eles provavelmente te-

rão de ampliar sua base de clientes e ganhar dinheiro, tornar algo maior ou solucionar um problema.
- Se o seu jogo não for divertido, verifique seu objetivo de jogo. Verifique se você definiu um desafio que os jogadores tenham de superar ou algo que tenham que alcançar, em vez de simplesmente uma tarefa a completar.

Combinando a dinâmica central com as necessidades de aprendizagem

Os jogos de entretenimento podem se dar ao luxo de escolher sua dinâmica central com base apenas no fato de os designers acreditarem que ela será divertida para os jogadores. Em contrapartida, designers de jogos de aprendizagem devem considerar se uma dinâmica específica irá de fato reforçar conteúdos, necessidades ou preferências de vida real de um determinado público-alvo. Lembre-se que a dinâmica central significa o "o quê" do seu jogo, ou seja, "aquilo" que o jogador terá de fazer para ganhá-lo ou "o modo como" ele irá superar o desafio do jogo.

A **Tabela 5-2** revisa as definições de várias dinâmicas centrais e oferece ideias para quando precisar selecionar uma delas. Ela também fornece dicas sobre que dinâmicas combinar entre si.

Tabela 5-2 – Como a Dinâmica Central se Alinha ao Propósito de Aprendizagem

Dinâmica Central	Propósito de Aprendizagem
Corrida até a linha de chegada: alcance a linha de chegada antes de todos ou do tempo limite. (*Candy Land*, *Mario Kart*)	Use essa dinâmica quando a aplicação real de qualquer que seja o propósito do jogo possua restrição temporal. Ela funciona bem quando combinada a uma segunda dinâmica, tal como um processo que deva ser completado dentro de um período específico, ou uma meta que os funcionários tenham de atingir em caráter mensal ou trimestral.
Aquisição de território: compre ou conquiste territórios, para (em geral) criar um império ou possuir a maior quantidade de um determinado produto. (*Risk*, *Civilization*)	Utilize essa dinâmica para simular o funcionamento ou fazer uma conexão com situações reais nas quais o domínio seja um fator preponderante. O sucesso no jogo amplia territórios; o fracasso provoca encolhimento territorial. Essa também é uma excelente dinâmica para ser utilizada junto com outra. Esse conceito se correlaciona bem com muitas situações de vida real, tais como o sucesso e o fracasso nos negócios, nas vendas ou por parte dos funcionários.

Dinâmica Central	Propósito de Aprendizagem
Exploração: perambule por toda a região e cheque vários aspectos de seu jogo para ver se consegue encontrar objetos de valor (*Tomb Raider, Clue*)	Use essa dinâmica com objetivos de aprendizagem relacionados à comparação e ao contraste, à explicação, descrição e análise. Ela oferece uma maneira interessante de os jogadores adquirirem as informações de que necessitam para fazer algo mais dentro do jogo. Considere agregá-la a outras ações, como aquisição territorial, coleta ou corrida até um ponto de chegada.
Coleta: encontre e colete objetos específicos. (*Trivial Pursuit*)	Utilize essa dinâmica quando quiser ajudar os jogadores a fazer associações, tais como: tipos de clientes para produtos específicos; passos num determinado processo que precisam ser realizados; comportamentos de segurança envolvendo sinalização específica.
Resgate e fuga: escape de uma situação ou de um lugar. (*Capture the Flag*)	Essa dinâmica pode ser usada com jogos de *recall* (memória), nos quais o domínio de conhecimento ajudará os jogadores a resgatar alguém ou um objeto, ou a escapar de alguém ou de alguma coisa.
Alinhamento: organize peças de um jogo numa ordem específica. (*Candy Crush, Paciência*)	Use essa dinâmica com objetivos de aprendizagem relacionados a ajudar jogadores a identificar, reconhecer, escolher e selecionar. Ela pode ser utilizada quando se deseja auxiliar os participantes a ordenar ou sequenciar tarefas, e assim por diante.
Combinação: reconheça objetos similares ou que combinem com uma descrição específica; crie pares ou grupos. (*Spot It, Memory*)	Use essa dinâmica para ajudar os jogadores a desenvolver habilidades para vincular recursos a benefícios, objeções a determinados tipos de clientes, objeções e respostas apropriadas, e assim por diante.
Construção ou edificação: construa algo utilizando recursos específicos. (*Colonizadores de Catan, Minecraft*)	Utilize essa dinâmica quando quiser reforçar a ideia de que o uso bem-sucedido de conhecimento ou habilidade ajudará os jogadores a criarem algo no mundo real: como a expansão no território de vendas ou a ampliação do sucesso nos negócios.
Solução: resolva um problema ou um quebra-cabeça (jogo de damas, *Clue*)	Essa dinâmica pode ser usada para atingir e garantir pensamento de alto nível ou promover a prática de habilidades. É adequada para atividades relacionadas a simulação, solução de problemas e dramatização, nas quais os jogadores praticam táticas de venda, solução de conflitos e tomada de decisões que afetarão resultados em outras áreas, e assim por diante.

Ao escolher dinâmicas para um jogo, considere se elas são de fato as mais adequadas para seus objetivos de aprendizagem. Utilize aquelas que façam mais sentido em relação ao seu propósito. Nós, por exemplo, desenvolvemos um jogo que se concentrava no desafio de aplicar os valores da empresa (excelência em comunicação, ética, trabalho em equipe) e, ao mesmo tempo, administrar limitações de tempo, dinheiro e questões regulatórias. Utilizamos duas dinâmicas principais nesse jogo: uma corrida até a chegada (os jogadores tinham um tempo específico para completar o jogo) e uma tarefa de construção (eles precisavam construir algo de acordo com especificações). Essas dinâmicas se alinhavam perfeitamente ao mundo real do ambiente de trabalho, no qual todos enfrentavam limitações de tempo enquanto comercializavam o produto.

Além disso, pense em como sua escolha irá influenciar os níveis de engajamento dos jogadores. Ao criar seu protótipo inicial para um jogo, pergunte a si mesmo: "De que maneira esse jogo mudaria se eu alterasse a dinâmica X para Y?" ou "O que aconteceria se eu combinasse duas dinâmicas?" Por exemplo, o jogo *TE Town* começou com uma dinâmica de construção, mas posteriormente incorporou a de coleção (população e tesouro). Ambas funcionaram melhor juntas do que teriam funcionado de forma isolada.

Associando a mecânica de jogo à aprendizagem

A mecânica de um jogo é o conjunto de regras que dita a maneira como os jogadores irão atingir o objetivo do jogo, interagir com os demais jogadores e, no caso dos jogos digitais, o modo pelo qual o sistema irá responder às ações realizadas. Designers jovens tendem a cometer os mesmos erros ao desenhar seus primeiros jogos de aprendizagem: criam regras complicadas demais. O problema é que, de modo geral, os jogadores que disputam jogos de entretenimento irão perdoá-los caso o jogo seja ao menos divertido. O mesmo, entretanto, não se aplicará aos jogos de aprendizagem. Se as instruções forem demasiadamente difíceis, toda a capacidade cerebral do jogador/funcionário terá de ser empregada na compreensão delas. Isso, por sua vez, fará com que a habilidade de aprender fique comprometida e eles não atinjam os objetivos de aprendizagem. Além disso, vale lembrar que um jogador/funcionário têm menos tolerância às frustrações intrínsecas à aprendizagem de um jogo. Vale também lembrar que nem todos os jogadores são "*gamers*" apreciadores de complexidade. Os não jogadores tendem a gostar de jogos que veem como fáceis de aprender.

Aliás, a complexidade das regras também deve ser associada ao tempo total que se espera que os jogadores fiquem envolvidos com o jogo. Por exemplo, um minijogo que demore menos de cinco minutos para ser jogado precisa ser bem fácil de se aprender. Já uma simulação que demore entre 90 minutos a duas horas poderá apresentar um grau de complexidade mais elevado. Acima de tudo, certifique-se de que a mecânica do jogo esteja relacionada à aprendizagem desejada ao final, e não se afaste desse objetivo.

Atente para qualquer mecânica de jogo em que você opte por ressaltar a diversão em detrimento da aprendizagem, pois será crucial testá-la e ajustá-la. Talvez você até imagine que uma determinada mecânica ficará fantástica, mas, no final – já na fase de testes –, poderá descobrir que ela reduziu o fator diversão ou, ainda pior, seu valor em termos de aprendizagem. Em contrapartida, depois de assistir a alguém jogando seu jogo, você poderá perceber a necessidade de acrescentar outra mecânica que sequer havia sido considerada.

Ajustando mecânicas de jogo que não levam ao aprendizado

Em versões iniciais de *Knowledge Guru*, o jogo ocorria em rounds. Um round consistia de 10 perguntas, com um tempo limite de 2 minutos para o jogador responder. Os jogadores eram penalizados por não responderem todas as perguntas no tempo máximo. Aqueles mais competitivos (e rápidos na leitura) gostavam dessa mecânica. Porém, o teste revelou que a maioria dos jogadores não a apreciava, pelo fato de os deixarem desmotivados. Embora a leitura rápida não fosse um requisito em termos de "objetivo de aprendizagem", representava uma condição para que o jogador fosse bem-sucedido no desafio de se tornar um *Knowledge Guru*. Assim, eliminamos o elemento tempo. Testes subsequentes mostraram não apenas que a experiência de aprendizagem foi ampliada, mas que a retirada do elemento tempo não afetou negativamente a percepção de divertimento por parte dos jogadores. É claro que também verificamos outras mecânicas no processo. De fato, foram necessárias várias repetições no escore para chegarmos ao ponto em que tanto nós quanto os jogadores nos sentíssemos felizes com o produto final.

A **Tabela 5-3** nos oferece exemplos de como mecânicas de jogo se associam a experiências de aprendizagem

Tabela 5-3 – De que Maneira Mecânicas de Jogo se Associam a Experiências de Aprendizagem

Jogo	Regra	Associação à Necessidade de Aprendizado
O Tipo de Formulação Importa	Os jogadores escolhem que perguntas desejam fazer ao cliente. Perguntas relevantes fazem com que os jogadores ganhem dinheiro e aumentam o nível de satisfação dos clientes; perguntas irrelevantes diminuem o nível de satisfação e custam dinheiro aos jogadores.	Essas regras imitam a experiência real dos representantes de venda, ou seja, o público-alvo do jogo. O ato de construir sentimentos positivos para os clientes exigirá que os representantes demonstrem conhecimento sobre os produtos e a respeito dos próprios clientes. Falhar nisso poderá significar a não realização da venda.
Knowledge Guru	Se os jogadores cometerem um erro, visualizarão feedback imediato e então terão de repetir a pergunta e acertar a resposta antes de progredir. Erros custam pontos, sendo que os repetidos custam ainda mais que os iniciais.	Essa mecânica de jogo apoia dois princípios de aprendizagem: 1- a repetição ajuda na fixação da memória; e 2- o feedback auxilia no aprendizado. As regras do sistema nos ajudam a usar esses dois princípios de forma conjunta para que os jogadores se lembrem das informações mais tarde no trabalho.
A Paycheck Away	A cada rodada os jogadores devem tirar uma "carta de emprego". Se vários jogadores tiverem direito a uma oportunidade de emprego, cada um terá a oportunidade de atirar o dado, e o número mais alto obtido conseguirá a vaga.	A regra imita a realidade: encontrar trabalho não é fácil e, em geral, muitas pessoas competem por uma única vaga. A regra também ajuda os jogadores a avaliarem se um determinado emprego paga o suficiente e até se é ou não interessante – por exemplo, talvez não exista uma linha de ônibus próximo da empresa e o candidato não tenha um carro para chegar até lá.

Jogo	Regra	Associação à Necessidade de Aprendizado
A Paycheck Away	No fim do mês, jogadores hospedados num abrigo devem jogar os dados para ver se terão o direito de permanecer no local. Se não obtiverem 1 ou 6, perderão a vaga e precisarão viver na rua, se registrar num hotel de pagamento semanal ou pagar um aluguel permanente (o que, aliás, somente será possível se tiverem acumulado dinheiro suficiente no jogo).	Essa regra replica a dura realidade de que abrigos para os sem-teto tipicamente só permitem que as pessoas os utilizem por períodos de 30 a 60 dias. O objetivo é ajudar os jogadores a sentirem o impacto de perder a moradia, assim como o estresse associado a tal situação.
A Paycheck Away	Jogadores precisarão tirar uma "carta secreta" em cada rodada. Essa carta resultará em algo bom ou ruim (como achar uma nota de U$ 50; ter um problema com o carro; precisar de um médico para o filho adoecido etc.).	A vida real é repleta de eventos bons e ruins, todos os dias. A maioria deles exerce algum impacto financeiro sobre nós. Essa regra simula a dificuldade que situações difíceis como essa causam a um sem-teto com restritos recursos financeiros.

Uma nota a respeito de jogos digitais

Jogos de tabuleiros e outros jogos de mesa usam regras explícitas. Há um guia que pode ser lido por todos os jogadores antes do início ou que pode ser consultado durante o processo, caso alguém se perca no caminho. Os jogos digitais, em contrapartida, permitem que os jogadores descubram as regras à medida em que jogam, mas também oferecem tutoriais logo no início das partidas. Pode haver um ícone de ajuda acessível em cada tela, caso os jogadores fiquem empacados. Os programadores codificam essas regras no jogo de modo que o sistema crie a experiência mais valiosa para cada jogador. Veja alguns exemplos encontrados no *Knowledge Guru*.

- Não concede aos jogadores acesso ao primeiro nível no Mundo A até que eles tenham completado o tutorial. (Seu *Guru* irá guiá-lo desde o início do jogo, oferecendo estímulos (*prompts*) para ajudá-lo a começar.)
- Exige que os jogadores selecionem um personagem como Guru antes que possam progredir no jogo. (Mais uma vez, o jogador é direcionado/instruído, e não conseguirá prosseguir até que tenha selecionado o personagem.)

- Permite aos administradores do jogo limitar o acesso dos jogadores, de acordo com diferentes categorias: 1) sem restrições; 2) um nível por dia; 3) uma palavra por dia; ou 4) uma palavra por semana com o objetivo de maximizar o uso da repetição espaçada. (Novamente, a menos que o jogador já tenha jogado vários jogos *Guru*, ele jamais perceberá as diferentes possibilidades em termos de programação.)
- Não permite que os jogadores progridam dentro de um nível até que eles respondam corretamente a uma pergunta. (Você compreende a regra enquanto joga. Quando comete um erro pela primeira vez, descobre que não poderá seguir em frente até que consiga responder à pergunta corretamente.)
- Quando os jogadores cometem um erro, apresenta um feedback e inclui um botão para que eles tentem novamente. (Isso será descoberto logo na primeira vez que o jogador cometer um erro no jogo.)

Utilizando elementos de jogos

Depois de escolher seu objetivo de jogo, suas dinâmicas centrais e suas mecânicas, será a hora de selecionar os elementos do jogo. Alguns deles emergirão naturalmente durante o processo de documentação da mecânica do jogo. Todo jogo possui características que mantêm as pessoas envolvidas (alguns envolvem muitas, outros apenas algumas). No que se refere às outras decisões de design, a escolha dos elementos que serão inclusos deverá ser pensada e adotada conforme suas metas e seu objetivo instrucional.

A seguir examinaremos em detalhes onze objetivos instrucionais. Por seu grau de complexidade, o 12º – Recompensas e Escore – será discutido somente no **Capítulo 7**.

Conflito

O conflito aparece de várias maneiras, mas sempre representa um desafio a ser superado pelo jogador. Ele pode se apresentar na forma de um obstáculo físico, de um combate ou de um quebra-cabeça. Nem todo design de jogo precisa de um conflito. Em *Knowledge Guru*, por exemplo, há pouco. O desafio é "será que você conseguirá alcançar o maior escore e se tornar um Guru?". Todavia, não há qualquer conflito com o sistema ou com outros jogadores. Já no *Risk* há conflitos a todo momento, na medida em que você enfrenta outro jogador e precisa derrotá-lo.

Perguntas a se fazer:
- Considerando o que deseja que as pessoas aprendam, que nível e que quantidade de conflito serão mais adequados? Será que você deveria incorporar um conflito que surja na forma de outro jogador ou de um desafio que todos os jogadores tenham de superar juntos? Ou seria melhor incluir algum desafio contra o próprio jogo? Por exemplo, jogos tipo quebra-cabeça são desafios entre o jogador e a própria atividade.
- De que maneira seria possível representar mais adequadamente conflitos de vida real para as pessoas vivenciarem? Por exemplo, na medida em que as pessoas administram um projeto na vida real, com frequência elas se deparam problemas envolvendo tempo, orçamento e qualidade. Como você poderia representar esses conflitos num jogo de aprendizagem? (Isso com frequência será feito por meio da mecânica de jogo utilizada.)

Cooperação e competição

Alguns jogos contam com a competição como elemento. Outros combinam de algum modo a cooperação e a competição. Em jogos cooperativos, a competição acontece contra algum outro elemento dentro do jogo, não contra outros jogadores. Por exemplo, os jogadores trabalham juntos para superar um desafio, seja por meio de um número finito de tentativas ou dentro de um limite preestabelecido de tempo.

Em jogos de aprendizagem a cooperação é com frequência um elemento mais indicado que a competição, a menos que esta aconteça em relação ao próprio jogo. Mas caso você opte de fato pela competição, considere incluir também um elemento de cooperação, como o trabalho em equipe. Neste caso, o jogador irá cooperar com o seu time, mas competir com os demais. Competições individuais diretas entre os funcionários poderá desmotivá-los ou até mesmo estabelecer uma dinâmica negativa na empresa. Em contrapartida, a cooperação entre os participantes para superar um desafio tende a motivar todos os jogadores e a incentivar o trabalho em equipe. Em outras palavras, a cooperação faz com que as pessoas trabalhem juntas; a competição as coloca umas contra as outras.

Na competição pura e simples, só uma pessoa ou um time vence, enquanto todo o restante perde. O foco dos jogadores é muito diferente dependendo de qual elemento você utilizar ou do modo como combinar dois elementos. A competição pode ser apropriada, mas é preciso considerar os resultados que porventura serão produzidos. Se precisar que as pessoas colaborem no mundo real, então o melhor será incluir a cooperação como elemento do jogo.

Por exemplo, certa vez criamos um jogo chamado *Access Challenge* para uma companhia farmacêutica. Nele os participantes competem contra outros times, mas trabalham juntos em suas próprias equipes para ganhar acesso a um sistema pagador. A competição entre os grupos energizou as pessoas dos departamentos de marketing e vendas que o jogaram, mas a cooperação dentro de cada equipe ajudou a desenvolver o trabalho em equipe interno necessário na vida real para negociar e conquistar um espaço para seus produtos em uma receita médica.

Perguntas a fazer:
- Seus jogadores precisam competir no mundo real ou esse não é um fator preponderante dentro da habilidade ou do conhecimento que você deseja que essas pessoas aprendam?
- Se a competição faz parte do contexto de vida desses indivíduos, de que maneira você irá incorporar esse fator no jogo? Fazendo com que: 1- os jogadores trabalhem juntos no sentido de derrotar o próprio jogo, ou 2- eles compitam uns contra os outros dentro do jogo?
- A competição irá motivar ou desmotivar o público-alvo do seu jogo? Que consequências negativas poderão surgir se apenas uma pessoa vencer e todos os demais saírem derrotados, e de que maneira essas emoções serão administradas?

Estratégia e sorte

A estratégia coloca o controle nas mãos dos jogadores; eles podem tomar decisões capazes de afetar a disputa ou suas chances de alcançar o objetivo. O fator sorte retira o controle das mãos do jogador. Neste caso, eles somente conseguirão reagir àquilo que acontecer.

Embora um jogo possa pender bastante na direção de um ou de outro, em geral os jogos maximizam o fator diversão ao combinar estratégia e sorte. O *Black Jack*, por exemplo, é um jogo de apostas que possui um forte elemento de sorte. Contudo, bons jogadores conseguem aplicar alguma estratégia. O Xadrez, em contrapartida, é primariamente um jogo de estratégia e tomada de decisão. Neste sentido, as jogadas que você faz podem limitar as possibilidades do seu oponente. A chave para o designer é ser intencional no uso de ambos os elementos.

A **Figura 5-2** apresenta o *The Global Coaching Challenge*, um jogo de *coaching* que projetamos para uma empresa global que desejava reduzir os períodos de desenvolvimento e lançamento de seus produtos de 10 a 12 anos para 8 a 10 anos. O cliente imaginou que um melhor treinamento de seus funcionários seria crucial para diminuir esse prazo. Nós sabíamos, entretanto, que outros fatos extrínsecos ao controle humano poderiam afetar esses períodos de desenvolvimentos, então, ao desenharmos o jogo nós incluímos o fator sorte como um elemento. Assim, quando os jogadores caíam em espaços específicos no tabuleiro, eles pegavam uma carta que dizia *Coach* ou *Crumble* (desmoronar), algo que influenciaria seu cronograma de maneira positiva ou negativa. Essas cartas representavam eventos reais que acontecem durante o desenvolvimento de produtos, como: um funcionário que, por razões pessoais, precisa de transferência de volta para seu país de origem; a estagnação no processo de desenvolvimento de um produto devido a questões burocráticas; a ocorrência de aumentos maiores que os esperados na receita da empresa, que possibilitam a contratação de mais um membro em sua equipe. Esses elementos do acaso aumentam ou diminuem o ciclo de tempo para o desenvolvimento do seu produto, mas você não tem nenhum controle sobre eles, apenas precisa lidar com as situações que se apresentaram.

Figura 5-2 – O Tabuleiro do Jogo *The Global Coaching Challenge*

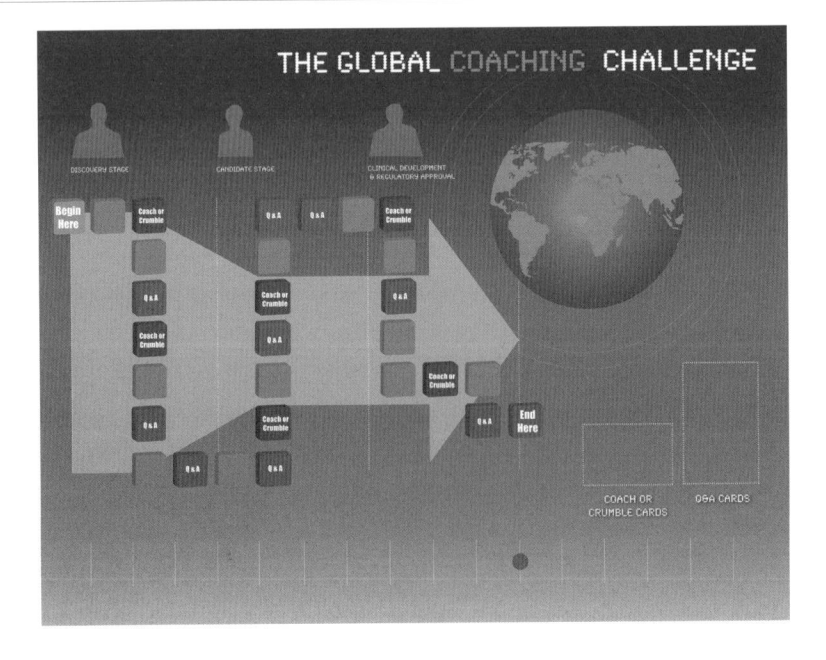

De modo similar, em *A Paycheck Away*, precisamos incorporar a sorte para refletir questões de vida real que todos enfrentam: crianças que ficam doentes, carros que quebram; alguém que decide ajudá-lo etc. Assim, a cada jogada os jogadores precisavam pegar uma carta da sorte (**Figura 5-3**).

Figura 5-3 – Exemplo de Cartas da Sorte em *A Paycheck Away*

Sorte	Sorte
Um doador anônimo paga a você as despesas de saúde do mês.	*Seu filho precisa ir ao médico. A menos que tenha outro meio de transporte, pague $2 por pessoa pela tarifa do ônibus. Perca um dia de pagamento; pague U$ 64.*
Você não precisa pagar as taxas de cuidados médicos infantis pelo próximo mês; guarde essa carta durante todo o período.	
Use essa carta da sorte ou a doe a alguém. Mantenha essa carta por quatro semanas, então devolva-a no final da pilha de *Escolha* ou *Sorte*.	Use essa sorte ou doe a alguém; devolva a carta no final da pilha de *Escolha* ou *Sorte*.

Perguntas a fazer:

- Seu jogo está criando de forma não intencional estados "vencedores" que sejam amplamente alcançados por sorte ou por uma sequência específica de eventos? Isso pode acontecer mais facilmente do que você imagina. Considere um jogo de tabuleiro no qual a pessoa que jogou primeiro – que foi determinada pela idade – teve uma chance bem maior de ganhar que aquela que jogou por último. As pessoas tendem a rejeitar jogos quando percebem que a vitória é, primariamente, o resultado de sorte.
- Você está mesclando estratégia e sorte de um jeito que reflita a habilidade que você deseja que seus jogadores aprendam, ou o contexto no qual eles terão de aplicar tal habilidade?
- Que controle os jogadores terão no mundo real sobre as decisões? Como você desenha isso no jogo? No mundo real, por exemplo, os jogadores podem sempre ter acesso a recursos específicos. Se esse for o caso, torne os recursos disponíveis no jogo que projetar. Não deixe esse aspecto do jogo à mercê da sorte.
- Que elementos de sorte, comuns no mundo real, você precisa imitar em seu jogo?

Estética

A estética (ou os efeitos visuais utilizados) é uma fonte de grande poder dos jogos. Um visual forte poderá tornar os jogadores curiosos ou motivados a jogá-lo; ajudá-los a imergir na disputa, e oferecer pistas visuais sobre o que fazer. Em videogames e jogos digitais, a estética representa uma grande parte da experiência do jogo e da percepção de divertimento pelos jogadores. Se você não for um designer gráfico, talvez você se sinta tentado a alterar a estética do seu jogo. Não faça isso, uma vez que poderá causar um impacto negativo em seus jogadores. Lembre-se de que uma estética fraca também enfraquecerá a experiência do jogo.

Compare os dois jogos de tabuleiro na **Figura 5-4** – Qual deles você iria preferir jogar?

Figura 5-4 – Protótipo e Versões de Design Profissional de *A Paycheck Away*

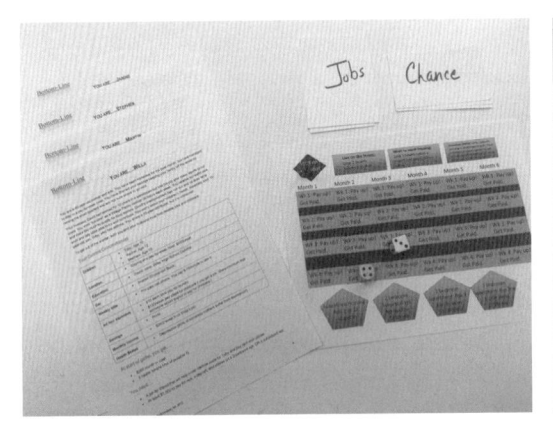

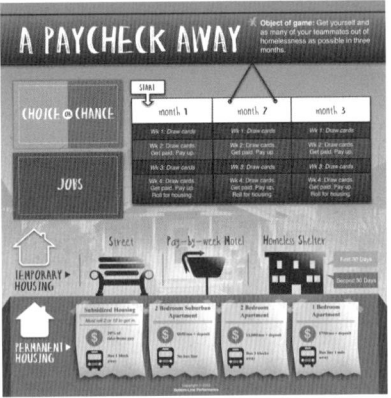

Imagem cortesia de Bottom-Line Performance

Se precisar de um design gráfico e tiver espaço no seu orçamento para esse trabalho, considere terceirizar essa arte.

Tema

Um tema é capaz de adicionar interesse e promover envolvimento. Ele também pode ser bem útil nos jogos de aprendizagem, ligando todos os componentes de um programa (até mesmo os elementos de "não jogo"). Nós, por exemplo, desenvolvemos um *Knowledege Guru* de acordo com o desejo de um cliente por um tema relacionado a corrida, em que, para se tornarem gurus, os jogadores teriam de competir numa série de corridas (**Figura 5-5**).

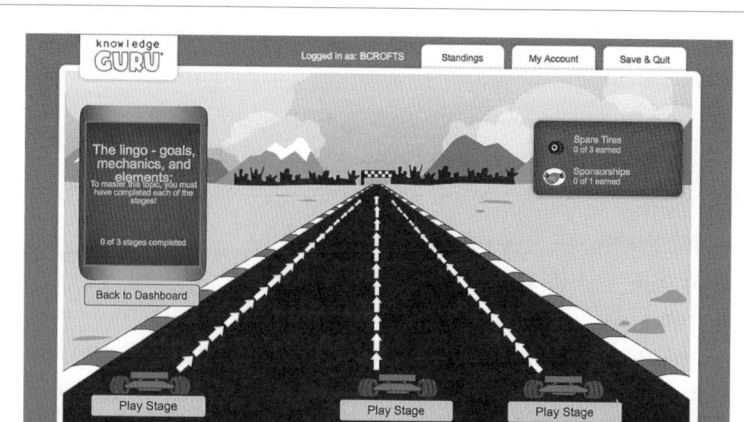

Figura 5-5 – Tela do jogo *Knowledge Guru* com Tema de Corrida

Também criamos um curso gamificado de *e-learning* que incluía uma atividade de aprendizagem chamada *Making Fuel*, que exigia que os aprendizes mesclassem afirmações apropriadas para produzir combustível para um carro de corrida. Na reunião de lançamento fizemos com que os aprendizes jogassem vários jogos com tema de corrida (**Figura 5-6**).

Figura 5-6 – Tela do início de *Making Fuel*

Capítulo 5

História

As histórias são capazes de inspirar e envolver. Elas podem ser usadas como uma linha narrativa ao longo de um jogo completo, mas também servem como base para atividades realizadas pelos jogadores dentro de um jogo de aprendizagem. É mais fácil se lembrar dos fatos quando eles fazem parte de uma narrativa.

Alguns jogos podem possuir um tema, mas nenhuma história, enquanto outros podem conter um tema e uma história. Mas há também os que não abrigam nenhum dos dois (como o *Scrabble*, por exemplo). De qualquer maneira, se decidir criar uma história para o seu jogo, tenha em mente que uma narrativa forte engloba quatro elementos: personagens, enredo, tensão (ou conflito) e solução.

Em *A Paycheck Away*, por exemplo, a história norteia o jogo. Cada jogador assume o papel de um personagem logo no início e segue até o fim. Antes de o jogo começar, cada um se apresenta e compartilha a história do personagem. O enredo de cada um se desenrola ao longo do jogo, e a tensão cresce à medida que os jogadores tomam decisões e coisas boas e ruins acontecem com eles. A solução ocorre no final, quando descobrimos se o personagem consegue uma moradia permanente.

Perguntas a fazer:
- Seria interessante utilizar uma história? Uma narrativa ajudaria o jogo ou o tornaria muito complicado?
- Você deveria agregar um tema à sua história?
- De quanta história precisa? Apenas o suficiente para transmitir o tema, ou será necessário que os jogadores submerjam na narrativa para que consigam a experiência de aprendizado correta?
- Como a história será integrada à experiência de jogo? Por meio de um texto lido antes do início ou pela disponibilização de personagens para que cada um forme sua história com base nas decisões tomadas ao longo da jornada?
- Cada jogador será um personagem separado? Cada um poderá escolher seu personagem, ou receberá um de forma aleatória? Se assim o for, quem eles representarão? Será um personagem fantástico (um super-herói ou alienígena) ou que represente algo num contexto de vida real em seu trabalho ou em sua situação?
- Existirão personagens fora do jogo que irão influenciar a história? Por exemplo, um inspetor de mineração poderia ser representado por um

conjunto de cartas do qual os jogadores tenham de sacar, caso obtenham um determinado número com os dados (tabuleiro), ou que seja embaralhado por um clique (digital). Esse inspetor poderá exigir que os jogadores realizem certas tarefas, ou afetar o progresso deles no jogo.

Recursos

Recursos são ferramentas que os jogadores adquirem no início ou durante o jogo. Seja qual for o caso, eles ajudam os jogadores a atingir seus objetivos. Estes, em geral, são limitados e se tornam um elemento estratégico, na medida em que os jogadores decidem como ganhá-los, usá-los ou administrá-los. Os mais comuns são dinheiro, objetos e materiais de construção. Por exemplo, em *TE Town* há dois recursos principais que os jogadores podem adquirir: população e tesouros. Ao adquirir população eles aumentam o valor de qualquer produto comercializado. Os tesouros, por sua vez, permitem que eles comprem as coisas de que precisam em suas cidades, como parques, museus e mercados. Escolhemos deliberadamente os itens população e tesouros porque ambos oferecem uma correlação com o aumento do número de clientes e de dólares adquiridos, coisas pelas quais os representantes de vendas – o público-alvo, nesse caso – se interessam.

Perguntas a fazer:
- Que recursos fazem mais sentido, considerando-se a habilidade ou o conhecimento que você está tentando ensinar? Você deveria disponibilizar recursos que permitam que as pessoas construam ou edifiquem algo, tomem decisões ou comprem suprimentos ou outros recursos?
- Será preciso incluir dinheiro para representar algo ou isso seria uma distração? Se usar dinheiro, continuará com a moeda corrente ou utilizará outra fictícia, como um "*guider*" (se for um jogo de uso global, recomendamos que se utilize o dólar, pois já verificamos que essa moeda é bem aceita globalmente.)
- Você necessitará de recursos em seu jogo?

Tempo

O tempo é com frequência um tipo de recurso. Todavia, pelo fato de ele poder assumir muitas formas, vale a pena discuti-lo separadamente. O tempo funciona como um recurso que se adquire com base em quão bom é o seu desempenho no jogo. Ele pode ser comprado com as moedas que você tem, e é passível de ser usado como uma limitação ou um meio de se comprimir o tempo na vida real.

Perguntas a fazer:
- De que maneira o tempo afeta o desempenho dos jogadores? Você consegue incorporá-lo no jogo de um jeito que reflita seu real impacto nas pessoas? Por exemplo, projetos reais apresentam limitações temporais, assim, ao incorporar um limite de tempo no jogo você imita tal situação.
- Seu objetivo real de aprendizagem é algo que as pessoas farão durante um longo período? Se este for o caso, você poderá comprimir esse período em algo que possa fazer sentido para o jogo? Por exemplo, em *A Paycheck Away* a média de tempo que uma pessoa poderia permanecer sem uma moradia é de pelo menos três meses. Mas nós não queremos um jogo que demore três meses para se jogar; em vez disso, representamos esse período de três meses em 90 minutos. No jogo, cada 30 minutos significa um mês sem um teto.
- De que maneira o tempo pode atrapalhar o aprendizado? Digamos que você queira que os empregados se lembrem de informações sem ter de consultá-las. Colocar um elemento temporal num jogo tipo *quiz* para testar a memória poderá prejudicar os participantes. Lembre-se de que retiramos o elemento tempo de *Knowledge Guru*, pois, mais do que uma resposta rápida, desejávamos obter uma resposta correta.

Níveis

Alguns jogos não apresentam níveis explícitos. (Mais uma vez, pense em *Scrabble*. Sua complexidade aumenta à medida que as pessoas jogam, mas não há níveis definidos.) Porém, investir tempo projetando seu jogo com diferentes níveis poderá garantir vários benefícios. Por exemplo, os jogadores poderão ter acesso a um modo tutorial e ganhar habilidades antes de avançar para níveis mais difíceis. Isso também permitirá que indivíduos com diferentes graus de habilidade compitam num mesmo jogo. Níveis também podem representar uma motivação para jogadores, caso sejam equivalentes a status diferenciados no jogo. No *Knowledge Guru*, por exemplo, percebemos que a aquisição de status (por meio da progressão nos níveis do jogo) era vista como um símbolo entre alguns grupos de funcionários. As pessoas queriam ter seus nomes no placar do jogo e ganhar o título.

Sua vez!

Antes de começar a projetar seu próprio jogo de aprendizagem, invista algum tempo no processo de dissecar completamente um jogo desse tipo. Você já fez isso no **Capítulo 3**, quando o apresentamos pela primeira vez a jogos dessa natureza. Agora que terminou este capítulo, você com certeza tem uma ideia bem mais clara das decisões que um designer de jogos de aprendizagem faz em seu projeto. Faça, portanto, uma das atividades a seguir:

- Reavalie um dos jogos de aprendizagem que já jogou e veja se consegue identificar de que maneira as decisões de design (sobre os objetivos, dinâmica central, mecânica de jogo e elementos de jogo) se conectam aos objetivos de aprendizagem.
- Escolha um jogo novo e faça o mesmo.

Fechamento

Como designer de jogos de aprendizagem, você terá de fazer muitas escolhas importantes. Certifique-se de que todas sejam propositais e proporcionem equilíbrio entre diversão, objetivos instrucionais e objetivos de aprendizagem. Seu foco primário é ajudar as pessoas a aprenderem, então tenha a certeza de que suas decisões de design apoiem o processo de aprendizagem – ou, que, pelo menos, não o atrapalhem.

CAPÍTULO 6

Dois estudos de caso sobre design de jogos

Neste capítulo
- *Estudo de caso do jogo de tabuleiro Feed the World, da Mosaic*
- *Estudo de caso do jogo para celular TE Town, da TE Connectivity*
- *Guru Game Play* → *Oportunidade*

O **Capítulo 5** mostrou tudo o que você precisava considerar ao projetar seu jogo: o objetivo, a dinâmica central, as mecânicas e os elementos. Este capítulo examinará dois jogos de aprendizagem para que você possa vislumbrar bons exemplos, não apenas no que se refere a escolhas de design, mas também à lógica de aprendizagem por trás deles.

Estudo de caso: *Feed the World*

Feed the World (alimente o mundo, em tradução livre) é um jogo de tabuleiro que criamos para a Mosaic, uma empresa mineradora de fosfato. Ele ajudou a Bottom-Line Performance e a própria Mosaic a ganharem o prêmio de Maior Avanço em Treinamento de Conformidade (*Best Advance in Compliance Training*), pela Brandon Hall Excellence in Learning Awards (Boller 2016).

O jogo funciona como atividade final de um programa de orientação de cinco dias desenvolvido para novos funcionários (**Figura 6-1**). Todo novo funcionário – e não somente aqueles que irão trabalhar nas minas – deve completar esse treinamento de segurança (de 24 horas) antes de iniciar em suas funções. Pelo fato de novas contratações não serem permitidas na Mosaic antes de esse treinamento ser finalizado, todas as atividades intrínsecas ao processo precisam acontecer em sala de aula.

O público-alvo do jogo é: todo novo contratado pela Mosaic. Ao projetar uma *persona* para o jogo, definimos que um jogador típico seria do sexo masculino, com idade entre 40 e 55 anos e formação colegial. Ele provavelmente já teria trabalhado nesse mesmo setor antes de ser contratado pela Mosaic.

Figura 6-1 – Tabuleiro de *Feed the World*

Descrição do jogo

O jogo, que leva cerca de duas horas para ser jogado, dá aos jogadores a oportunidade de lembrar e praticar todo o conteúdo ensinado no treinamento recém-terminado. O objetivo do jogo é permitir que os jogadores trabalhem juntos para alimentar uma população mundial em crescimento constante, sempre alcançando seus objetivos anuais de produção. O objetivo de aprendizagem é fazer com que os jogadores se lembrem de todos os passos de segurança e proteção ambiental discutidos ao longo dos workshops, e permitir que eles identifiquem os recursos mais adequados para executá-los.

Para jogar todo o jogo, os jogadores devem completar quatro rounds, o que na verdade representaria quatro anos de produção na mina. Cada um dos rounds tem sete partidas e representa um ano no calendário da mina. As sete partidas dentro de um round estão alinhadas aos sete passos necessários para se obter fosfato para os produtores de alimentos. Os dois primeiros rounds apresentam um objetivo de produção mais baixo que os dois últimos, assim, o grau de dificuldade do jogo aumenta conforme o jogo progride. O número de pessoas que os jogadores têm de alimentar no jogo cresce na mesma proporção que a população no mundo real.

O **Apêndice 6** apresenta as regras e a configuração de *Feed the World*.

Decisões de design e aprendizagem no jogo

A equipe de design tomou várias decisões relativas ao design do jogo com base em dois itens importantes: os objetivos de aprendizagem que desejavam que fossem alcançados pelos jogadores; e o contexto em que esses jogadores precisariam se lembrar dessas informações ao executar suas funções. A **Tabela 6-1** identifica decisões de design de jogo e suas ligações com as necessidades e os objetivos de aprendizagem.

Tabela 6-1 – *Feed the World*

Decisão de Design do Jogo	Ligação com o Contexto de Aprendizagem e a Função
Título do jogo: *Feed the World* (Alimente o mundo).	Isso se relaciona com a missão da empresa.
Progressão dentro de um round (sete jogadas para terminar um round).	Ao longo do workshop, um mapa de aprendizagem (que se converte em um jogo de tabuleiro no último dia) se concentra nos sete passos do processo de mineração.
Os rounds abrangem um ano do calendário; a quantidade de fosfato a ser mineirada aumenta a cada rodada.	A população mundial está aumentando a cada ano, portanto, mais pessoas devem ser alimentadas. O requisito do jogo reforça tal situação.
Cartas de cenário direcionam os jogadores ao longo das sete jogadas em cada round. Um jogador tira uma carta e lê o cenário em voz alta. Antes de decidir o que fazer ele pode discutir a situação com os outros jogadores. Depois de ouvir as ideias do grupo, o jogador da vez toma uma decisão. Os jogadores podem então virar a carta para comparar suas respostas com a que seria correta (**Figura 6-2**).	O que se espera dos jogadores é a colaboração, não a competição. Um jogo colaborativo reflete o comportamento de vida real que a Mosaic deseja em seu ambiente de trabalho.
Cada carta de cenário requer que os jogadores identifiquem os recursos de que precisarão para solucionar o problema (**Figura 6-2**).	O workshop tratou de vários recursos que os funcionários terão de usar no local de trabalho para manter a segurança. O jogo reforça esse conteúdo e faz com que os aprendizes apliquem esse conhecimento.

Capítulo 6

Decisão de Design do Jogo	Ligação com o Contexto de Aprendizagem e a Função
Os jogadores bem-sucedidos colecionam cristais de fosfato e então os utilizam para completar o placar, que mostra seu progresso na tarefa de alimentar a população-alvo.	O placar está relacionado com aquilo que a Mosaic produz e com a missão da empresa (alimentar o mundo).
A estética do jogo ilustra os sete passos do processo de mineração.	Esta ilustração reforça tudo o que é ensinado no workshop.
Há um elemento de sorte no jogo: os jogadores podem tirar cartas de inspeção capazes de exercer impacto positivo ou negativo sobre o placar (**Figura 6-2**).	As cartas representam elementos tipicamente de "sorte" no trabalho, tais como uma inspeção não avisada por um funcionário da OSHA (Occupational Safety and Health Administration).

Figura 6-2 – Decisões de Design de Jogo

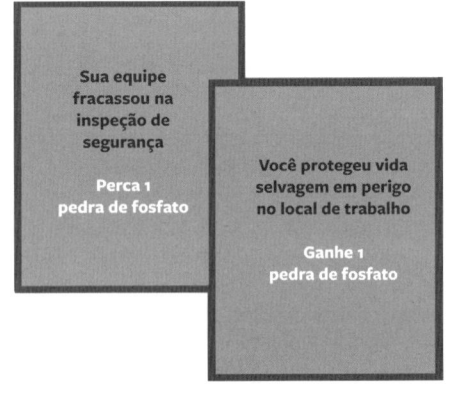

OS RECURSOS CORRETOS SÃO:
- Processo
- ERE

Peça à pessoa que forneça detalhes para o recurso selecionado:
- Processo: siga CCC (Cheque – Chame – Cuide) para determinar o que está acontecendo
- ERE: Contate a Equipe de Resposta Emergencial

Se a pessoa selecionou o(s) recurso(s) correto(s) e forneceu uma explicação correta, forneça como prêmio uma rocha de fosfato.

PERGUNTA DESAFIO ANOS 3 & 4
Esse colega de trabalho enfrenta um episódio de insolação. O que você pode fazer por ele até que a ajuda chegue ao local? (Mova-o para uma área mais fria, refresque-o e/ou coloque toalhas frias ou molhadas sobre ele.)

LEIA A SEGUINTE SITUAÇÃO

Você está retornando ao local da mina depois do almoço e nota uma colega caído no chão. Você corre até ela e descobre que está inconsciente e tem pulso fraco.

Quais DOIS recursos são as MELHORES opções nesta situação? Selecionar as cartas de recurso do tabuleiro e então entregar esse cenário para a pessoa à esquerda.

Nota da Figura 6-2: Alto à esquerda: Recursos que os jogadores devem considerar usar para responder de modo bem-sucedido à cada cenário. EPP é a sigla para Equipamento de Proteção Pessoal; HazCom é a abreviação de *Hazard Communication* ou "aviso de perigo" em tradução livre; PAE é a sigla para Plano de Ação Emergencial; ERE é a sigla para Equipe de Resposta Emergencial. Alto à direita: Carta de inspetor de mina. Fornece um elemento de sorte no jogo. Parte de baixo: Exemplo da parte da frente e de trás de uma carta de cenário. Os jogadores trabalham juntos e decidem quanto à melhor reposta para o cenário. Depois de tomarem uma decisão, o jogador que leu a vira para ver a resposta correta.

Estudo de caso: *TE Town*

O *TE Town* é um jogo para smartphone projetado para representantes de distribuição independentes que vendem não somente os produtos da TE Connectivity, mas também os de outros fabricantes. A TE Connectivity queria que o *TE Town* a ajudasse a:

- Tornar os produtos da TE os principais nas mentes dos representantes de vendas.
- Fazer com que os representantes pensassem nos "tipos de clientes", ao invés de se concentrarem em nomes e setores de atuação desses compradores. O "tipo de cliente" serve de referência para o modelo de produto/aplicação que um indivíduo considere relevante. Por exemplo, um fabricante de dispositivos médicos poderia estar inserido num grupo denominado "equipamentos de uso manual", que incluiria fabricantes de aparelhos celulares, impressoras de bolso e câmeras digitais.

Descrição do jogo

Os jogadores são eleitos prefeito de TE Town no momento do login (Figura 6-3, esquerda). O objetivo do jogo é evoluir a cidade até atingir o nível mais alto possível. Cada melhoria que promovem na cidade os faz subir de nível. O objetivos de aprendizagem para os representantes de distribuição são identificar com precisão de três a cinco tipos de clientes e definir o tipo de tecnologia está mais bem associada a cada um deles. Uma vez definida a tecnologia, o representante deve ser capaz de identificar a família de produtos mais relevante para cada tipo de cliente.

Figura 6-3 – *TE Town*

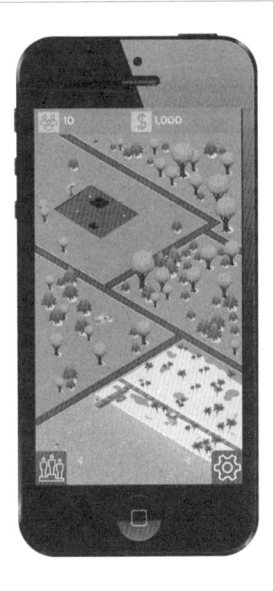

Esquerda: A tela de boas-vindas do *TE Town*. *Central:* Lotes não desenvolvidos. *Direita:* Grade de cliente para dispositivos de mão.

Quando os jogadores entram no jogo, eles conseguem rolar a tela para visualizar vários lotes não desenvolvidos (**Figura 6-3**, central). Eles começam a desenvolver suas cidades selecionando uma região. Para acessá-la eles terão de associar a ela um tipo específico de cliente, que passará a viver no local. Para criar essa população os jogadores precisarão jogar um minijogo chamado Cace Inscrições (*Hunt for Applications*) (**Figura 6-3**, direita). Ao jogar várias vezes os jogadores gradualmente constroem seus conhecimentos quanto à aplicabilidade dos produtos associados aos tipos de clientes. Uma vez que toda a grade esteja repleta de inscrições, eles ganharão acesso a outros minijogos que os ajudarão a construir conhecimentos sobre tecnologias associadas a cada produto/aplicação dentro de cada grupo/tipo de cliente.

À medida que os jogadores adquirem e demonstram domínio sobre os tipos de clientes e produtos/famílias de produtos, eles conseguem construir sua população e ganhar tesouros/dólares que, por sua vez, lhes permitem fazer o upgrade de suas cidades. Isso, em troca, os ajuda a avançar rumo a outros níveis do jogo.

Decisões de design e aprendizagem no jogo

Apesar do design complexo do jogo, cada decisão de design visou sustentar as necessidades de aprendizagem dos jogadores e os resultados desejados. A **Tabela 6-2** revisa algumas das decisões-chave que fizemos e o modo como elas sustentam a aprendizagem.

Tabela 6-2 – *TE Town*

Decisão de Design do Jogo	Ligação com o Contexto de Aprendizagem e Função
Depois de consultar o cliente e aprender sobre seus representantes de vendas de aparelhos móveis, optamos por criar um jogo desenhado primeiramente para celulares. Queríamos um jogo que permitisse que os jogadores fizessem progresso significativo com apenas alguns minutos de jogo por sessão.	Mais do que qualquer outro dispositivo, representantes de vendas que trabalham em campo utilizam seus smartphones para trabalhar. Seu tempo é precioso, portanto, eles contam apenas com períodos curtos para jogar. Assim, eles estarão mais aptos a fazê-lo se as sessões forem breves e eles puderem fazê-lo nos momentos que lhes parecerem mais relevantes – como nos minutos que antecedem encontros com seus clientes, por exemplo.
Os jogadores se tornavam prefeitos de uma cidade fictícia. O sucesso no jogo os ajudava a fazer surgir uma população, o que em troca aumentava seu tesouro pessoal. O tesouro era então usado para aprimorar a cidade à medida em que ela era construída.	Representantes pensam em territórios e em como controlá-los, assim como pensam em garantir comissões e ampliar seu número de clientes. Essa dinâmica complementou a estrutura desse jogo, sem, entretanto, imitá-la. De fato, ela deu ao jogo um elemento de fantasia. Pesquisas mostram que a fantasia exerce um poderoso efeito positivo sobre a aprendizagem, ajudando os alunos a se sentirem seguros enquanto jogam e assumem riscos em um jogo (Leppe 1988; Malone 1981).
Exigindo apenas alguns minutos para jogar, cada minijogo ajudava o jogador a ampliar a população ou a ganhar dinheiro. Os jogadores repetiam a sequência de três minijogos para cada requisição de produto que eles tinham em sua grade. Todos os minijogos ligados a uma requisição específica de produto permitiam aos jogadores ganhar tesouro.	Os minijogos para cada requisição de produto se agregam uns aos outros, reforçando conteúdos por meio da repetição. Eles funcionam de forma conjunta no sentido de ajudar os representantes a aprenderem mais sobre: • Tipos específicos de clientes. • Usos dos produtos relevantes para tipos específicos de clientes. • Famílias de produtos relevantes para usos específicos. • Perguntas úteis para identificar necessidades dos clientes. • Ferramentas capazes de ajudá-los a vender seus produtos.

Decisão de Design do Jogo	Ligação com o Contexto de Aprendizagem e Função
Queríamos construir um elemento de surpresa e variedade, então incluímos um minijogo com "disponibilidade limitada" chamado *Sales Scramble*. O *Sales Scramble* é um jogo com tempo definido que visa em sua maior parte a diversão. Os jogadores só conseguem acessar esse jogo duas vezes dentro de cada tipo de cliente. É mais desafiador para jogar, e os jogadores não podem repeti-lo.	O *Sales Scramble* é o que chamamos de área de "aprendizagem leve", pois oferece mais diversão que aprendizagem. Todavia, ele realmente ajuda seus jogadores a construírem uma população e, quanto mais população se consegue, mais valor se obtém por cada venda em termos de ampliação de tesouro. Esse tesouro, em contrapartida, permite aos jogadores um upgrade de suas cidades. Ele também acrescenta um elemento de desafio que mantém os jogadores envolvidos nas demais partes do jogo, caracterizadas pela "aprendizagem pesada".

Guru Game Play → Oportunidade

Para reforçar os conceitos desse capítulo, jogue os níveis de Design de Aprendizagem e Design de Jogo no *Game Design Guru* (www.theknowledgeguru.com/ATDGameDesignGuru).

Fechamento

Os dois estudos de caso aqui apresentados ilustraram o fato de que o design de jogos para aprendizagem é feito de maneira proposital. Ambos os exemplos demonstraram que as equipes de design tomaram suas decisões – em relação aos objetivos do jogo, às dinâmicas, às regras e aos elementos do jogo – com base naquilo que almejavam como resultados de aprendizagem. E cada uma dessas decisões precisou ser posteriormente testada para assegurar que os jogadores não apenas considerassem os jogos divertidos, mas, também que absorvessem os conhecimentos desejados e adquirissem as habilidades necessárias.

O **Capítulo 7** completa a sessão sobre os fundamentos do design de jogos, introduzindo as nuances do design de escore e do sistema de recompensa nos jogos de aprendizagem.

CAPÍTULO 7

Conectando o escore aos objetivos de aprendizagem

Neste capítulo
- *Quais são os princípios básicos do escore para o design de um jogo de aprendizagem?*
- *Que tipo de método de contagem de placar pode-se usar em um jogo?*
- *Como se cria um sistema de escore?*
- *Três estudos de caso de placar*
- *Guru Game Play → Oportunidade*

Figura 7-1 – Processo de Design de um Jogo de Aprendizagem: Escore e Recompensas

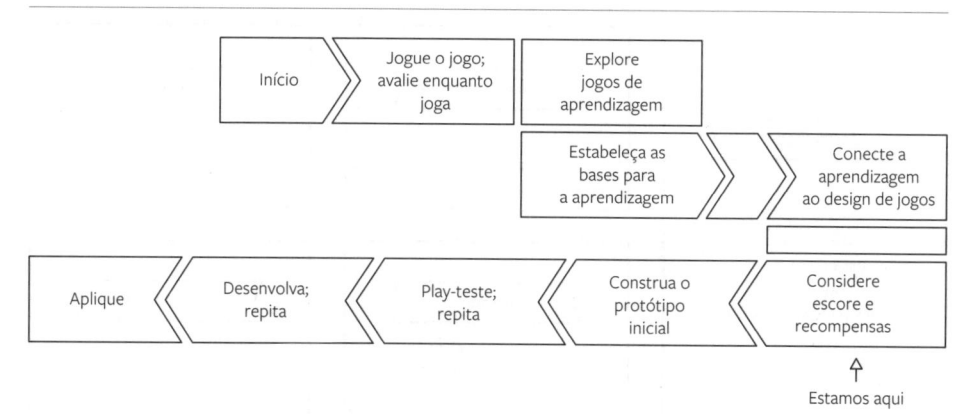

```
Início → Jogue o jogo; avalie enquanto joga → Explore jogos de aprendizagem
                                              → Estabeleça as bases para a aprendizagem
                                              → Conecte a aprendizagem ao design de jogos

Aplique ← Desenvolva; repita ← Play-teste; repita ← Construa o protótipo inicial ← Considere escore e recompensas
                                                                                    ↑
                                                                                Estamos aqui
```

O registro de pontos e feitos (em um jogo) informa aos jogadores exatamente onde eles se encontram num jogo. Isso também mostra o quão próximos eles (e outros jogadores) estão de uma vitória, além de ajudar no delineamento de estratégias.

Porém, um placar oferece mais que um simples registro de vitória; ele também garante ao jogador um meio de avaliar seu desempenho e as próprias atividades dentro do jogo. De fato, num jogo de aprendizagem o escore precisa estar relacionado a quão bem – ou mal – um jogador se apresenta dentro dele. Neste sentido, o algoritmo criado pelo designer precisa associar a aprendizagem ao progresso do jogador/aprendiz. Ele também deve refletir o comportamento do jogador dentro do trabalho e os processos mentais que se deseja ensinar e/ou reforçar nesses indivíduos.

Princípios fundamentais do placar

O placar em um jogo de aprendizagem deve envolver cerca de seis conceitos-chave.

Mantenha o placar simples

Para começar, evite escores com algoritmos complexos que exijam repetidas consultas ao manual, afinal, o foco deve estar no aprendizado. Neste sentido, para se chegar ao vencedor num jogo de cartas, por exemplo, a contagem de pontos pode ser tão simples quanto a verificação do portador do maior número delas no final de um jogo (**Figura 7-2**).

Figura 7-2 – Desafio e Cartas de Resposta para um Jogo de Aprendizagem

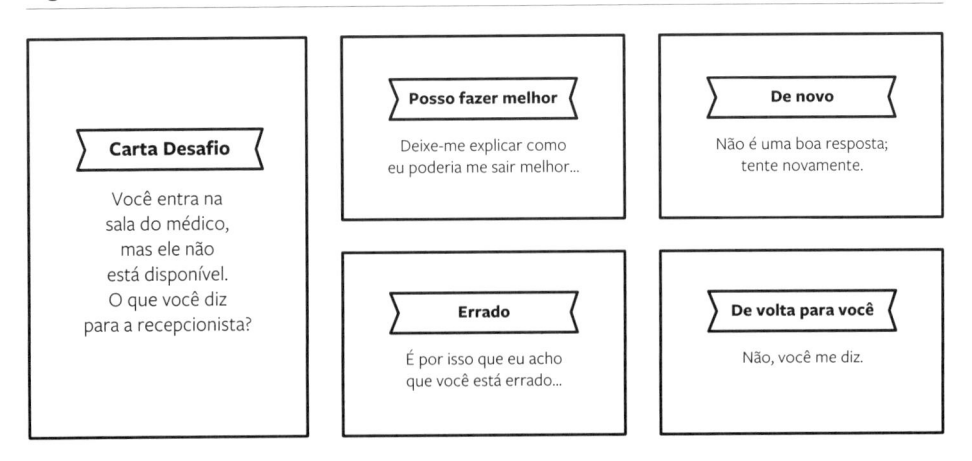

Carta Desafio	Posso fazer melhor	De novo
Você entra na sala do médico, mas ele não está disponível. O que você diz para a recepcionista?	Deixe-me explicar como eu poderia me sair melhor...	Não é uma boa resposta; tente novamente.
	Errado	**De volta para você**
	É por isso que eu acho que você está errado...	Não, você me diz.

Faça com que o placar seja claro

Qualquer um jogando deve ser capaz de compreender facilmente o que deverá fazer para marcar pontos e ganhar o jogo. Se houver mistério quanto aos procedimentos, os aprendizes poderão ficar confusos ou até frustrados, pois não saberão como suas ações se refletirão no escore. Torne o sistema do placar claro desde o tutorial, nas regras do manual ou logo na tela de abertura do jogo.

Associe o placar diretamente aos resultados de aprendizagem

Se um jogador está assimilando o conteúdo de um jogo, o seu placar deve refletir isso de forma positiva. Em contrapartida, caso não ocorra a aprendizagem, também é no placar que tal dificuldade deverá estar representada. Não podemos deixar a sorte ditar o sucesso em um jogo de aprendizagem.

O objetivo é o domínio ou o reforço de conteúdo através do desempenho no jogo, elementos que podem ser difíceis de equilibrar. Entretanto, é crucial assegurar que o resultado final seja o aprendizado, e nada impulsiona mais as ações de um jogador que o placar.

Em ambientes de aprendizagem, retire a ênfase da vitória

Jogos de aprendizagem precisam se concentrar na aquisição de conhecimento, não na vitória. Assim, se estiver usando a competição como um elemento do jogo, deixe bem claro desde o início que tanto a vitória quanto a derrota são menos importantes que o aprendizado (Cantador e Conde 2010). Afinal, você não quer que uma experiência de derrota seja tão terrível a ponto de desanimar os competidores, tampouco que outra de vitória faça com que todo o resto seja deixado em segundo plano. Seja cuidadoso ao elaborar seu pódio vencedor em um jogo instrucional, garantindo assim que, mesmo que um jogador ou uma equipe não alcance o topo, o objetivo de aprender seja de fato alcançado.

Acrescente variedade ao placar

O escore de um jogo não pode ser unidimensional. Por exemplo, se você criar um jogo de perguntas e respostas e os jogadores obtiverem os mesmos pontos ao respondê-las corretamente, então, se nenhum deles perder nenhuma pergunta, corre-se o risco de todos chegarem a um mesmo placar no final. Levando isso em conta, um bom designer de jogo deveria acrescentar alguma variável, como limite de tempo ou de número de tentativas: o escore poderia ser uma combinação de quantas perguntas o jogador respondeu corretamente logo da primeira vez e de quanto tempo ele demorou para fazê-lo. Tal combinação permitirá que dois jogadores aprendam o conteúdo, mas não necessariamente obtenham o mesmo placar final.

Reforce realidades da vida profissional pelo escore

Ações e atividades exigidas para um desempenho eficiente deveriam estar representadas no placar. Você não quer que o escore funcione na contramão daquilo que o jogador precisa aprender. Por exemplo, se o trabalho de um profissional requer acurácia, o jogo deve exigir perfeição por parte dele enquanto jogador. Se, por outro lado, o trabalho de um funcionário não inclui pressões de tempo, tornar esse elemento parte do algoritmo não será uma mecânica muito eficaz. O placar não deve atrapalhar a aprendizagem ou influenciar no trabalho. Projete o mecanismo de escore do jogo de modo a recompensar os comportamentos e as atividades necessárias para um desempenho eficiente no trabalho.

Métodos de registro de placar

Registrar um escore significa bem mais que apenas assinalar pontos; um placar oferece feedback sobre quão bem um indivíduo está se saindo num jogo. Num jogo de aprendizagem, o escore deveria ajudar os jogadores a avaliar seu progresso rumo ao domínio de um conteúdo. Desse modo, realizações e recompensas podem aparecer de várias formas.

Marcação de pontos

Pontos são feedback relacionado ao nível de esforço, pontualidade, correção ou acurácia na resposta para uma pergunta, cenário ou outro evento instrucional. Eles são eficientes para oferecer meios de mensurar progresso diante de um número--padrão, de um máximo de pontos a ser alcançado ou de um grupo de colegas. De maneira típica, o objetivo é alcançar um escore elevado. Assim, em vez de atribuir-se um ponto para uma reposta correta, garante-se 100 pontos. Quanto maior o valor da pontuação, mais valor os jogadores darão à jogada – ganhar um ponto por uma resposta correta não significa tanto como obter 100 pontos, mesmo que o resultado final seja similar. O mesmo se aplica à perda de 1 ou 100 pontos. Adicionalmente, acrescentar uma grande quantidade de pontos permite que você crie mais variedade dentro do placar.

Passagem de nível

Em muitos jogos de aprendizagem, um nível é uma fase definida que requer do jogador uma determinada ação para que ele acesse o patamar seguinte. Às vezes a passagem de nível se iguala ao domínio de conteúdo em uma área, ou significa que um jogador completou uma tarefa ou conjunto delas. Em certas ocasiões cada nível de um jogo está associado a uma meta instrucional isolada. A passagem de nível ou a progressão entre uma fase mais básica e outra mais complexa cria um ambiente de aprendizagem que espelha a retenção de conhecimentos, desde os mais simples até os mais profundos.

Os níveis também mantêm o espaço de aprendizagem mais passível de ser administrado. O desenvolvimento de um jogo de aprendizagem com um único nível gigante que englobasse todo o conteúdo a ser abordado e dúzias de objetivos de aprendizagem seria algo assustador, tanto para o jogador quanto para o designer. Em contrapartida, uma progressão bem desenhada de níveis alcança três objetivos:

1. Eles oferecem aos jogadores novas informações ou insights, ajudando-os a progredirem no jogo. Ao mesmo tempo, os níveis mantêm os participantes envolvidos e focados em um objetivo de aprendizagem relativamente pequeno.
2. Eles se tornam cada vez mais difíceis e reforçam as habilidades e o conhecimento desenvolvidos nos níveis anteriores. Na medida em que os jogadores progridem e os níveis se tornam mais difíceis, os participantes precisam recordar e utilizar as habilidades e os conhecimentos aprendidos anteriormente para seguir adiante. Porém, é também nesse ponto que eles geralmente precisam agir de maneira mais rápida ou sob mais pressão para aplicar suas habilidades. Já no final, os jogadores devem usar suas habilidades em combinações únicas.
3. Os níveis servem como motivadores. Com eles a progressão se torna um objetivo que os jogadores desejam alcançar. Eles oferecem peque-

nos objetivos alcançáveis que encorajam os jogadores a realizarem mais atividades para que consigam atingir o próximo patamar. A progressão através de todos os níveis significa que os jogadores alcançarão seus objetivos de aprendizagem.

Liberação de acesso a conteúdo

Os jogos podem recompensar o sucesso do jogador oferecendo-lhe acesso a lugares somente possíveis mediante um jogo produtivo. Esse mecanismo de recompensa funciona com base no desejo das pessoas de explorar. Outra versão dessa estrutura de recompensa acontece quando mistérios são revelados conforme o desempenho dos jogadores, ou quando os participantes ganham pistas para solucionar quebra-cabeças ou charadas dentro do jogo. Assim, se eles se saírem bem, terão a oportunidade de jogar mais. Isso pode aparecer na forma de uma vida extra, uma chance a mais ou até mesmo de algum tipo de recompensa (como o aumento de poder, que garante ao participante um diferencial de força por um curto período).

> **Diferenciais de força**
>
> No design do jogo *Guru* usamos vários tipos de diferenciais de força que podem ser ganhos conforme o jogador demonstra bom desempenho e galga os diferentes níveis do jogo. Observe enquanto joga.

Obtenção de insígnias

Seja na forma de distintivos, troféus ou outro tipo de emblema que sinalize a realização de algum feito, o alcance de um objetivo de aprendizagem pode encorajar jogadores a desempenharem uma tarefa específica, a ostentarem um determinado comportamento ou a progredirem em diferentes níveis. Realizações que ocorrem num jogo competitivo também podem ajudar a impedir que os jogadores se sintam totalmente isolados caso percam. Neste caso, eles ainda poderão mostrar aos demais competidores que eles de fato aprenderam algo enquanto disputavam o jogo.

A **Figura 7-3** é um bom exemplo de realização em um jogo. Note que existe espaço para vários feitos, todos obtidos por jogadores com base em quão bem eles se saírem dentro do jogo.

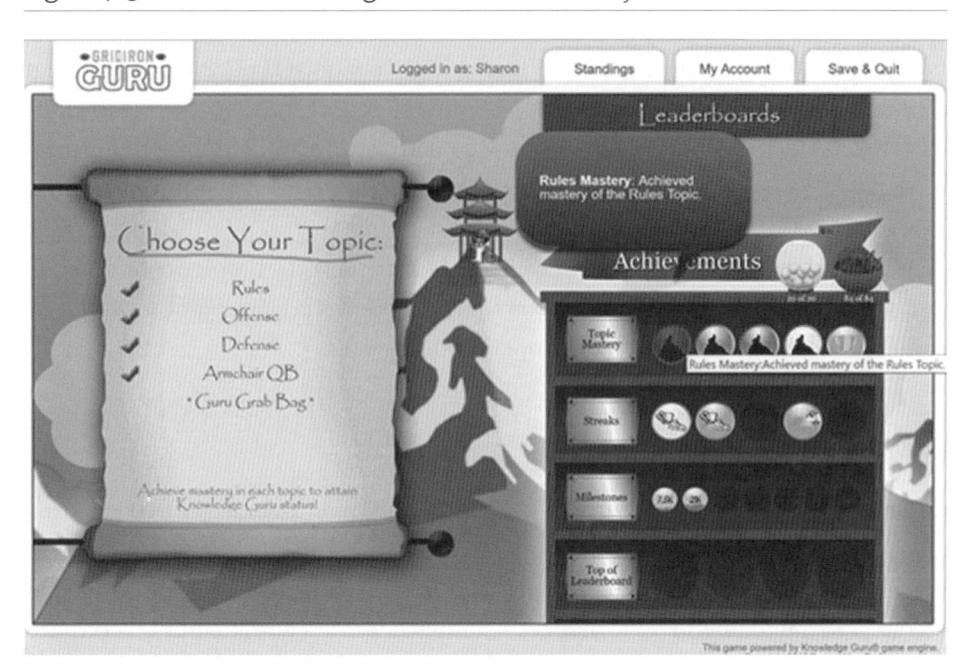

Figura 7-3 – Placar em um Jogo com Várias Realizações

Jogos de aprendizagem apresentam duas categorias de realizações: as que são mensuráveis e as por conclusão de tarefas. Os aprendizes obtem realizações mensuráveis por completarem a tarefa até um determinado nível, seja em comparação ao desempenho de outros aprendizes, ao seu próprio desempenho ou a algum outro padrão estabelecido. Por exemplo, muitos jogos usam um padrão de três estrelas, que brinda os jogadores com um máximo de três estrelas, com base em quão bem eles se saírem em um nível. Uma estrela indica desempenho adequado, enquanto três significa excelente.

Estrelas e taxas de desempenho
No jogo *Guru* usamos um sistema de três estrelas para avaliar o desempenho. Se o jogador responder a todas as perguntas dentro do nível sem cometer erros ele ganha três estrelas, mas se cometer vários erros enquanto joga, ganha apenas uma. Note que o jogo permite a repetição de jogadas para a obtenção das três estrelas.

As realizações por conclusão não dizem aos jogadores o quão bem eles se saíram numa tarefa; em vez disso, o jogo oferece essas conquistas ao jogador na medida em que eles completam uma tarefa. Essas conquistas podem se dividir em duas subcategorias: as que dependem do bom desempenho do jogador – e demandam habilidades e conhecimentos; e as que não dependem de bom desempenho – bastando assim que o jogador esteja presente. Para aumentar a motivação do jogador durante um jogo, as melhores práticas de aprendizagem utilizam a técnica de avaliação de conquistas mensuráveis em vez daquela de simples conclusão de tarefas. Porém, se precisar se utilizar da segunda, opte pela subcategoria em que as conquistas dependem do bom desempenho do jogador.

Criando o algoritmo do placar

Criar um sistema de escore é mais difícil do que pode parecer. E isso se torna ainda mais verdadeiro caso esteja projetando um jogo on-line. Pelo fato de esses jogos serem capazes de calcular o placar e manter o registro das variáveis, seu escore pode rapidamente se tornar bem complicado. Para administrar tal complexidade, utilize uma planilha ao desenvolver o escore. Com ela você conseguirá ver de que maneira a manipulação de pontos para um item irá afetar o placar geral ideal. Você também será capaz de visualizar se um jogador conseguirá atingir um número suficiente de pontos para chegar ao próximo nível ou adquirir um distintivo crucial.

A **Tabela 7-1** nos mostra um exemplo de planilha com escore para diferentes tipos de perguntas dentro de um jogo de aventura, onde os pontos são atribuídos com base no grau de dificuldade. Essas três perguntas representam o desafio no nível 1. Se os jogadores responderem todas as perguntas para os três tipos de perguntas corretamente, eles poderão ganhar 14.500 pontos. Vale lembrar que eles precisam de 10.000 pontos para avançar para o nível 2.

Criar uma tabela como essa pode ajudar a criar um sistema justo de atribuição de pontos para atividades específicas. Com frequência uma planilha é a melhor forma de organizar esse tipo de informação, pois com ela você consegue transferir os números para o placar e observar os resultados correspondentes.

Tabela 7-1 – Placar e Níveis de Dificuldade

Nível	Atividade	Grau de Dificuldade	Pontos	Número Disponível de Respostas no Nível	Total Possível de Pontos por Tipo de Pergunta
1	Resposta Desafio Pergunta	Difícil	1.000	3	3.000
1	Média Pergunta	Intermediário	800	10	8.000
1	Abertura Pergunta	Fácil	700	5	3.500
			Total Possível de Pontos por Nível		14.500
			Pontos Necessários para Próximo Nível		10.000

Um erro comum cometido por novos designers de jogos de aprendizagem é o de criar desafios e placares em que os jogadores jamais conseguirão atingir o próximo nível a menos que sejam perfeitos. Por outro lado, esses novos profissionais às vezes permitem que os jogadores ganhem pontos demais logo no início do jogo, tornando-o fácil demais. Assim, criar uma estrutura adequada de placar é importante para equilibrar os jogos instrucionais.

Além disso, observe na **Tabela 7-1** que os jogadores não perdem pontos por oferecer respostas incorretas. Acrescentar penalidades por respostas incorretas tornará a planilha e o placar mais difíceis e, neste caso, será preciso determinar quantos pontos poderão ser perdidos a cada resposta incorreta para que um jogador ainda seja capaz de atingir sua meta de aprendizagem.

Por exemplo, se os jogadores perdessem 1.000 pontos por cada resposta de elevado grau de dificuldade incorreta, eles ainda conseguiriam chegar ao nível seguinte se respondessem corretamente a todas as perguntas dos graus de dificuldade intermediário e fácil. Nesse caso, isso até poderia ser aceitável. Porém, se essas perguntas mais difíceis sintetizassem conhecimentos que teriam de ser aprendidos, a partir de uma perspectiva de aprendizagem seria importante que elas tivessem sido respondidas corretamente. Nesse caso, perder 1.000 pontos por cada resposta equivocada não seria o suficiente. Assim, o designer teria de tornar essa penalidade ainda maior para impedir que o jogador alcançasse o próximo nível sem responder a pelo menos uma ou duas dessas perguntas de maneira correta.

Comece com uma planilha simples com escores para respostas ou ações corretas, então, conforme constrói o jogo acrescente mais complexidade. Tenha em mente a necessidade de manter o placar simples, mas ao mesmo tempo torná-lo significativo e motivador. A ação ou o conhecimento que levarão à pontuação serão aqueles nos quais os jogadores se concentrarão ao jogar.

Ao projetar seu algoritmo, veja algumas melhores práticas que deverão ser consideradas:

- Recompense os jogadores pela realização das tarefas tediosas e ofereça feedback pelas mais interessantes.
- Ofereça os maiores retornos para o bom desempenho dos jogadores nos feitos mais desafiadores.
- Se decidir oferecer recompensas, faça-o mediante ao bom desempenho, não pelo fato de o jogador completar uma tarefa. Dar ao jogador um distintivo apenas pela finalização de uma sessão não é uma boa ideia. É melhor oferecer uma recompensa somente se ele o fizer com algum padrão de proficiência.
- Deixe que sua recompensa seja uma forma de feedback de desempenho.
- Para tarefas complexas que demandem criatividade ou estratégias complicadas, ou quando receber um novo jogador no jogo, instile nele a orientação pelo domínio do conteúdo. Em outras palavras, faça com que os jogadores se preocupem em aprimorar suas habilidades durante a experiência do jogo, e não apenas em comparar seus resultados com os demais.
- Para tarefas simples ou repetitivas, instile uma orientação pelo bom desempenho. Em outras palavras, faça com que os jogadores comparem os resultados (conhecimentos) obtidos.
- Use as conquistas esperadas – aquelas que os jogadores sabem que irão conseguir caso seu desempenho seja conforme o esperado – como método para o estabelecimento de objetivos pelos jogadores. Utilize conquistas inesperadas para encorajar explorações dentro do ambiente do jogo.
- Caso conquistas competitivas sejam usadas no jogo, torne-as disponíveis somente depois que os jogadores tenham aprendido como jogar e estejam confortáveis com o jogo e com o placar.

- Considere acrescentar "realizações cooperativas" para encorajar os jogadores a trabalharem de forma conjunta.
- Alinhe as atividades e as ações no trabalho com as ações no jogo para alcançar melhor aprendizagem e transferibilidade.
- Teste o seu jogo (play-teste) para descobrir se o placar está ampliando ou reduzindo a motivação do seu jogador, ou até mesmo se não está exercendo qualquer influência sobre ele.

Projetar um placar é mais difícil do que se pensa

Mesmo num jogo simples como o *Password Blaster*, a partir de uma perspectiva de design o placar pode não ser tão simples como se imagina. Se você já jogou esse jogo, talvez tenha reparado que, ao olhar para a tela, quanto mais alto você atirasse na senha fraca, mais pontos você ganhava. Neste caso, os designers tiveram de criar um algoritmo para determinar uma estrutura de escore decrescente do topo até a parte de baixo. Isso envolveu a contagem do número de pixels (de cima para baixo) da tela onde uma senha individual surgisse, e então a decisão de qual escore seria o mais adequado naquela posição. Isso não é algo tão fácil de se fazer quanto se pensa.

Embora você talvez não tenha de programar pessoalmente um jogo como esse, apenas terceirizar seu desenvolvimento, ainda será preciso que possua uma visão e um plano do escore que o programador irá implementar.

Tendo em mente algumas dicas sobre método de escore e algoritmos, examinemos agora de que maneira os designers criaram a estrutura de escore para três jogos de aprendizagem com os quais você agora já está familiarizado: *Zombie Sales Apocalypse*, *Knowledge Guru* e *TE Town*.

Zombie Sales Apocalypse

O *Zombie Sales Apocalypse* apresenta simultaneamente vários elementos de escore. Em primeiro lugar, o jogo baseia o placar geral dos jogadores no número de perguntas respondidas corretamente, menos aquelas respondidas de forma errada. As perguntas fazem parte de diálogos, assim, uma escolha equivocada reduz o escore de cada jogador.

Na sequência, o jogo pontua os jogadores em cinco dimensões do modelo de vendas. Nesse caso, entretanto, eles não recebem os pontos. Em vez disso, medidores na tela são preenchidos na medida em que o diálogo correto é selecionado. Quando um medidor é preenchido, os jogadores completam de maneira bem-sucedida um diálogo do modelo de vendas. A **Tabela 7-2** mostra de que maneira isso aparece numa planilha, e a **Figura 7-4** revela sua aparência em tela.

A **Tabela 7-2** também indica como a estrutura de placar é desenhada. Primeiramente, cada elemento do modelo de vendas é identificado e listado e então associado a um diálogo específico utilizado no jogo. O jogador seleciona o diálogo correto para o personagem usar em uma lista de três respostas possíveis. Cada resposta recebe uma pontuação – as corretas aumentam o placar; as incorretas, o diminuem. A pontuação e as penalidades possíveis são calculadas para que se tenha certeza de que existe um equilíbrio no placar geral. (Esta tabela mudou muitas vezes enquanto se tentava criar o equilíbrio certo.)

Na **Figura 7-4** é possível verificar de que maneira o escore aparece num jogo. Na esquerda da tela você pode ver medidores e o placar inicial. O placar aumenta ou diminui com base no modo como o jogador responde a uma pergunta específica. No fim do jogo o placar é mostrado ao jogador.

Figura 7-4 – Como o Placar se Traduz de Uma Tabela para um Jogo

Conectando o escore aos objetivos de aprendizagem

Tabela 7-2 – Tabela de Pontuação do Zombie Sales Apocalypse

Elementos do Modelo de Vendas	Diálogo 1: Pontos por Respostas Corretas	Diálogo 2: Pontos por Respostas Corretas	Diálogo 3: Pontos por Respostas Corretas	Diálogo 4: Pontos por Respostas Corretas	Total de Pontos Possível	Penalidade por Resposta Incorreta	Possível Resposta Incorreta	Total de Pontos Perdidos
Identificação de um problema	1.000				1.000	500	4	2.000
Conhecimento do cliente	1.000		1.000		2.000	500	4	2.000
Persistência		1.000	1.000		2.000	500	5	2.500
Conhecimento do produto			1.000	1.000	2.000	500	6	3.000
Profissionalismo				1.000	2.000	500	5	2.500
Totais	**2.000**	**1.000**	**3.000**	**2.000**	**9.000**	**2.500**		**12.000**

113

Capítulo 7

Knowledge Guru

O jogo *Knowledge Guru* possui um sistema de placar relativamente simples, mas que ainda assim é mais complexo do que se imagina. Duas necessidades básicas norteiam essa complexidade: assegurar boa variedade na pontuação apresentada no painel de liderança e alinhar os objetivos de aprendizagem do jogo, dando aos jogadores recompensas pelo seu desempenho ao longo da competição. A **Tabela 7-3** mostra de que maneira cada pergunta é pontuada no *Knowledge Guru*. Nesse ponto o placar é simples. Já a **Tabela 7-4** detalha o ponto de maior complexidade. Para assegurar variedade no placar, criamos o "aumento de poder" e outras recompensas.

A plataforma do jogo *Guru* se baseia no conceito da ciência cognitiva segundo o qual a repetição constrói memória de longa duração. Cada objetivo de aprendizagem no jogo tem pelo menos um conjunto de perguntas, com uma série de três indagações que exigem que jogador se lembre ou aplique o mesmo conteúdo adquirido para responder corretamente a uma pergunta. Na exposição inicial ao conteúdo – na primeira pergunta do conjunto –, o valor de uma resposta correta é 1.000 pontos, enquanto a penalidade equivale à dedução de 250 pontos no placar. O jogo requer que o jogador tente novamente até responder de maneira correta. Caso isso aconteça logo na segunda tentativa, eles ganham o valor completo da pergunta.

Porém, na terceira exposição do jogador ao conteúdo, o valor da pergunta é bem mais alto, ou seja, 10.000 pontos. Todavia, o erro também resulta na perda de 10.000 pontos. Uma resposta correta em uma tentativa subsequente equivale a apenas 5.000 pontos. As **Tabelas 7-3** e **7-4** mostram o algoritmo completo, incluindo os pontos de bonificação para cada "portal bônus" e os possíveis valores quando os jogadores ganham força.

Tabela 7-3 – Placar do Jogo *Knowledge Guru*

Ações do Mundo A	Pontos Ganhos e Perdidos
Responder corretamente à pergunta na primeira tentativa	1.000
Responder incorretamente à pergunta na primeira tentativa	-250
Tentar novamente após rever o erro	1.000
Perder segunda tentativa de resposta	-500
Responder corretamente à pergunta na terceira tentativa	1.000
Perder quaisquer tentativas futuras	-500
Responder corretamente à pergunta na quarta tentativa ou em outra	0
Ações do Mundo B	**Pontos Ganhos e Perdidos**
Responder corretamente à pergunta na primeira tentativa	5.000
Responder incorretamente à pergunta na primeira tentativa	-2.500
Tentar novamente após rever o erro	2.500
Perder segunda tentativa de resposta	-5.000
Responder corretamente à pergunta na terceira tentativa	0
Perder quaisquer tentativas futuras	5.000
Responder corretamente à pergunta na quarta tentativa ou em outra	0
Ações do Mundo C	**Pontos Ganhos e Perdidos**
Responder corretamente à pergunta na primeira tentativa	10.000
Responder incorretamente à pergunta na primeira tentativa	-10.000
Tentar novamente após rever o erro	5.000
Perder segunda tentativa de resposta	-20.000
Responder corretamente à pergunta na terceira tentativa	0
Perder quaisquer tentativas futuras	-20.000
Responder corretamente à pergunta na quarta tentativa ou em outra	0

Tabela 7-4 – Placar de Força e Recompensa do Jogo *Kowledge Guru*

Força ou Recompensa	Como Ganhar	Frequência	Efeito	Como Perder	Valor
Maximizador (Mundos B e C somente)	Conquistado na primeira porcentagem de perguntas de uma lista de cada Mundo. Se você tem 3 perguntas, é dado na 1. Se tem 10 perguntas, dado entre 2 e 3.	Depende do número de tópicos: de 6 a 7 tópicos = 3; de 4 a 5 = 2; 3 = 1. Aprox. 50%, arredondando para baixo de acordo com a contagem de tópicos com um mínimo de 1.	Uma vez conquistado, mantê-lo até o final do jogo irá triplicar o valor da pergunta final.	Perca qualquer pergunta depois de ganhá-la.	15.000 (Mundo B), 30.000 (Mundo C).
Segurança (Todos os mundos)	Oferecido como incentivo para jogar novamente uma missão	Essa não é uma força "ganha". Ela se torna automaticamente disponível em qualquer nível no qual o jogador não tenha conseguido desempenho 3 estrelas.	Protege contra uma perda. Errar uma pergunta resultará na não alteração do placar e nenhuma outra força será perdida.	Perca qualquer pergunta depois de ganhá-la.	Nenhum. Apenas impede que você perca pontos.
Simplificador (Somente Mundo A)	Mesmo que o maximizador ou duplicador	Mesmo que maximizador ou duplicador.	Remove um elemento de distração da próxima pergunta.	Usado imediatamente.	Nenhum. Apenas faz uma pergunta mais fácil; somente disponível no Mundo A

Conectando o escore aos objetivos de aprendizagem

Força ou Recompensa	Como Ganhar	Frequência	Efeito	Como Perder	Valor
Duplicador (Todos os mundos)	Oferecido ao acaso por uma resposta correta (máximo de três vezes por mundo; 1 max por missão; aparece antes da última pergunta).	Mesmo que maximizador ou duplicador.	Duplica o valor da próxima pergunta.	Responda a próxima pergunta.	2.000 (Mundo A), 10.000 (Mundo B), 20.000 (Mundo C)
Nível Perfeito (Todos os mundos)	Recebido antes de alcançar um escore perfeito (nenhum ponto perdido) dentro de um nível.	1 por nível.	Adiciona valor ao placar dependendo do mundo.	Isso é uma recompensa.	1.000 (Mundo A), 5.000 (Mundo B), 10.000 (Mundo C)
Mundo Perfeito (Todos os mundos)	Terminados todos os níveis e portal bônus obtido com perfeição em um mundo.	1 por mundo.	Adiciona duas vezes o valor das perguntas no mundo todo.	Qualquer perda.	O valor total do seu mundo + valor do portal bônus selecionado)*2.
Portal Bônus do Jogo	Terminado todos os níveis dentro de um mundo.	1 por mundo.	Depende da escolha do jogador.	Cometa um erro.	Depende da "aposta" feita, e varia de 1.500 a 13.500.

Placar do *TE Town*

O *TE Town* passou por cinco iterações no escore antes de chegar à sua versão final. Entre os itens incluídos no início, por exemplo, havia penalidades pela ausência no jogo e também uma variedade de bônus que os jogadores poderiam colecionar com base no bom desempenho obtido em vários minijogos. Porém, uma vez que o escore se tornou demasiadamente complexo para o entendimento dos jogadores esses elementos foram retirados antes da versão atual. O fato é que, quando finalizamos o jogo teste, descobrimos que os jogadores não sabiam com clareza de que maneira poderiam ganhar população ou colecionar tesouros/dólares, então começamos a refinar o placar e até mesmo nossa forma de comunicação, até chegarmos ao ponto em que a maioria dos jogadores conseguia compreender facilmente o que estava acontecendo. A **Tabela 7-5** mostra o placar final.

Tabela 7-5 – Algoritmo do Placar para Jogo de Celular *TE Town*

	População inicial	Tesouro
	10	$ 1.000,00
Minijogo 1: Caça por Inscrições		
Ação do jogador	**População Ganha ou Perdida**	**Tesouro Ganho ou Perdido**
Atirar numa inscrição correta	Max de 1.000, valor cai quanto mais o jogador espera para atirar na inscrição.	N/A
Atirar numa inscrição correta ou perder uma que está correta	Perde uma vida, perde três vidas e jogo termina.	N/A
Minijogo 2: Encontre o Cliente		
Ação do jogador	**População Ganha ou Perdida**	**Tesouro Ganho ou Perdido**
Aposta 1: Acertar.	0	250
Aposta 2: Acertar as duas.	0	500
Aposta 3: Acertar todas.	0	1.000
Perder qualquer pergunta.	0	0

Conectando o escore aos objetivos de aprendizagem

Minijogo 3: Pegue o Produto		
Ação do jogador	**Impacto Sobre o Valor de Venda do Item**	**Multiplicador**
Correto na primeira tentativa.	100% do valor de venda.	0,25 (25 centavos de dólar) por cidadão
Segunda tentativa.	Perde 60% do valor de venda.	0,10 (10 centavos de dólar) por cidadão
Terceira tentativa.	Perde 80% do valor de venda.	0,05 (5 centavos de dólar) por cidadão
Em todas as tentativas subsequentes.	Perde 96% do valor de venda.	0,01 (1 centavo de dólar) por cidadão
Minijogo 4: Feche a Venda		
Ação do Jogador	**População Ganha ou Perdida**	**Tesouro Ganho ou Perdido**
Faça uma boa pergunta sem fazer nenhuma pergunta ruim.	0	0,25 (25 centavos de dólar) por cidadão
Faça uma boa pergunta depois de fazer uma pergunta ruim.	0	0,05 (5 centavos de dólar) por cidadão
Faça uma boa pergunta depois de fazer duas perguntas ruins.	0	0,01 (1 centavo de dólar) por cidadão
Minijogo 5: *Sales Scramble*		
Ação do Jogador	**População Ganha ou Perdida**	**Tesouro Ganho ou Perdido**
Pessoas mudando-se para a cidade quando o jogo começa.	2.000	0
Depois de 9 segundos.	1.600	0
Depois de 18 segundos.	1.200	0
Depois de 27 segundos.	800	0
Depois de 36 segundos.	400	0
Depois de 45 segundos sem sucesso.	0	0

Guru Game Play → **Oportunidade**

Convidamos você a retornar ao jogo *Game Design Guru* e a jogar o nível relativo a "placar e recompensa". Lembre-se: acesse www.theknowledgeguru.com/ATD-GameDesignGuru e jogue para aprender.

Fechamento

O placar é um dos elementos mais complicados de se criar em um jogo de aprendizagem. Como designer, será preciso alcançar um bom equilíbrio entre a recompensa por habilidades e/ou comportamentos esperados e o desestímulo a respostas incorretas. Neste sentido, será crucial a criação de um sistema de pontuação que seja ao mesmo tempo justo com os jogadores e de fácil compreensão e domínio. Ao usar uma planilha e mapear o escore que resultará em vários cenários, busque criar um algoritmo que seja equilibrado e justo para seu jogo de aprendizagem.

E não torne o sistema de registro de pontuação do seu jogo mais difícil do que precisa ser, do contrário isso acabará interferindo no próprio processo de aprendizagem. Na verdade, quanto mais simples, melhor. Afinal, o placar em um jogo de aprendizagem precisa ser um indicativo de que o indivíduo está de fato aprendendo.

PARTE 3

Colocando em ação o conhecimento sobre design de jogos

CAPÍTULO 8

Criando o primeiro protótipo

Neste capítulo
- *O que é um protótipo?*
- *Como se elabora um protótipo?*
- *De que maneira a criação de protótipos muda em jogos digitais?*
- *Sua vez!*

Agora é hora de você reunir todo o conhecimento que adquiriu nos capítulos anteriores e criar a primeira versão, ou protótipo, do seu jogo. A **Figura 8-1** mostra onde você está agora.

Figura 8-1 – Processo de Design de Jogo de Aprendizagem: Construa o Protótipo Inicial

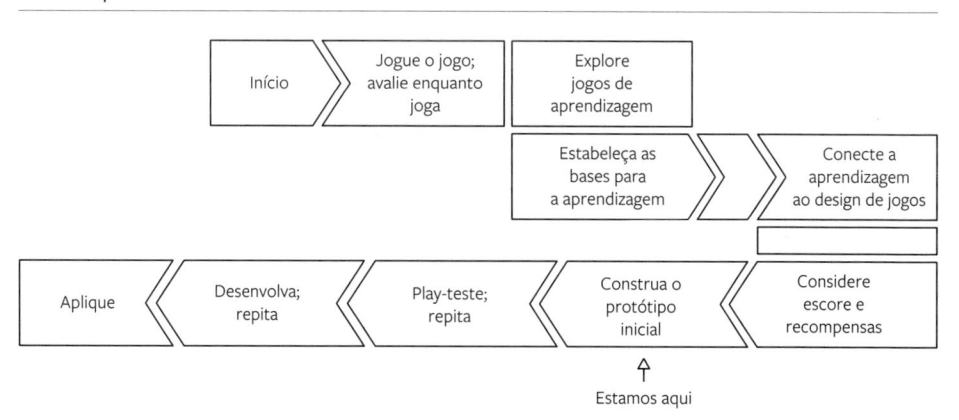

O que é um protótipo?

No design de jogos, um protótipo é a primeira versão "jogável" do jogo – embora não seja a versão completa –, e tem como objetivo proporcionar um teste rápido, fácil e de baixo custo. Ainda simplificada e rudimentar, essa versão contém material suficiente para que se possa avaliar o valor do jogo para o público-alvo, tanto no que se refere à aprendizagem quanto ao grau de divertimento proporcionado pela ideia do jogo.

O protótipo de um jogo ajuda a responder às seguintes perguntas:

- Sua ideia de jogo é envolvente? As pessoas apreciam a dinâmica central?
- As dinâmicas e os elementos do jogo são envolventes? Eles existem em excesso ou são escassos? O que você deveria acrescentar, mudar ou remover?
- A experiência de aprendizagem é efetiva e eficaz? Jogá-lo permitirá que as pessoas alcancem os objetivos de aprendizagem predefinidos?

Embora a ideia de um protótipo em papel faça pleno sentido na criação de um jogo de tabuleiro ou de cartas, algumas pessoas resistem em usá-lo para modelar soluções digitais ou em vídeo. Todavia, vale lembrar que o papel ainda é a ferramenta mais barata, fácil e rápida para a criação de modelos, mesmo que seu objetivo final seja a criação de um jogo digital. De fato, é tentador criar um protótipo digital (particularmente se você for um artista ou programador) ou brincar um pouco com o *PowerPoint* ou outro tipo de programa de slides. Porém, você deveria resistir a essa tentação.

Protótipos em papel costumam evitar muito retrabalho. Eles também permitem a rápida localização de problemas que poderiam passar despercebidos em modelos digitais. Modelos em papel forçam você a pensar de maneira cuidadosa nas interações do jogador e nas mecânicas do jogo. As **Figuras 8-2** e **8-3** mostram exemplos de protótipos em papel para, respectivamente, um jogo de tabuleiro e um jogo para celular. Note que o protótipo para o jogo de celular foi desenhado com partes móveis para que o usuário pudesse de fato testar e simular as interações no sistema.

Criando o primeiro protótipo

Figura 8-2 – Protótipo para um Jogo de Tabuleiro

Figura 8-3 – Protótipo para um Jogo para Celular

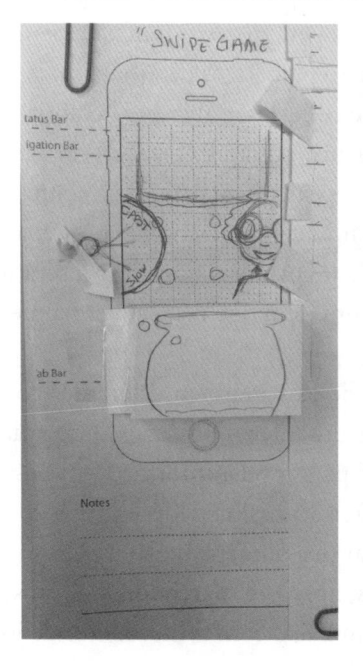

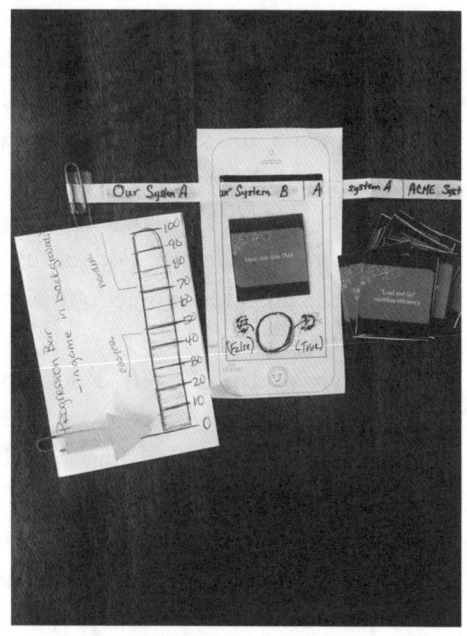

Elaborando um protótipo

O trabalho de elaboração de um protótipo funciona melhor quando se trabalha numa equipe de duas a quatro pessoas. Nessa fase, o grupo não deverá incluir o cliente, seja ele interno ou externo. Em vez disso, considere envolver um designer de jogos, um gerente de projetos, um escritor e talvez um artista. Caso seu escritório seja composto por uma única pessoa, você poderá exercer todos esses papéis, mas, se possível, evite realizar o protótipo sozinho; encontre algum amante de jogos para ajudá-lo no processo.

A tarefa seguinte deverá demandar entre duas ou três horas de trabalho, excluindo-se a fase inicial de preparação. Não tente tornar o resultado perfeito nessa fase, pois não será. O mais importante aqui é iniciar o trabalho e refiná-lo com o tempo. Um bom design surge da repetição.

Passo 1: prepare-se para a sessão

Antes de a equipe se reunir para começar a elaborar o protótipo, certifique-se de ter em mãos todo o material de que irá precisar:

- **Muito papel.** Se estiver prestes a criar um protótipo para uma solução digital, use papel quadriculado específico para a plataforma para a qual estiver desenhando (**Figura 8-3**). Papel para *flipchart* funciona bem para o processo de *brainstorming* e é perfeito para jogos de tabuleiro.
- **Lápis de cor, canetas piloto e giz de cera.** Usar algo para colorir é extremamente útil. Canetas pretas e azuis, ou lápis cinza, só no caso de emergência. As cores permitem que você distinga mais facilmente entre as várias partes de um jogo de tabuleiro ou entre os botões em uma tela.
- **Tesoura e fita adesiva.** Pode-se utilizar cola, mas fita adesiva será mais adequada quando for preciso mover um item que não estiver na melhor posição.
- **Adesivos do tipo *Post-It*.** Pelo fato de existirem em diferentes cores e tamanhos, eles são bastante versáteis durantes o processo de criação de um protótipo. Eles também são úteis para revelar informações se estiver criando um jogo de combinação. Outra possibilidade é grudá-los em dados, caso prefira usar cores no lugar dos números.
- **Peças de jogos, como dados, fichas, aparas e marcadores.** É possível adquirir esses itens por um preço bem baixo com fornecedores de jogos

ou até mesmo on-line. Se optar por comprá-los pela internet, busque por fornecedores digitando "suprimentos para jogos." De modo alternativo, você poderá vasculhar seus próprios jogos ou aqueles do escritório, em busca de itens que possa utilizar.
- **Documento de design inicial.** Documento contendo seu objetivo instrucional, suas metas de aprendizagem, sua *persona* de jogador e as restrições que precisará inserir em seu design. Ele também deverá especificar o tipo de jogo que você está criando: de mesa (de tabuleiro, dados, cartas), computador (desktop, laptop ou tablet) ou celular (smartphone). Lembre-se: a sessão de criação do protótipo já não servirá para se discutir o tipo de jogo (digital ou de mesa) que a equipe irá criar.
- **Conteúdo representativo.** Material que apoie os objetivos de aprendizagem para os quais deseja criar o protótipo.

Para que suas sessões de criação de protótipo sejam produtivas é preciso trazer materiais autênticos que apoiem as metas de aprendizagem previamente definidas. A **Tabela 8-1** nos dá dois exemplos de metas de aprendizagem que poderiam ser projetadas em um jogo. Não é necessário que o conteúdo esteja completo – que se conheça, por exemplo, todas as objeções dos clientes ou todos os cenários de vendas possíveis –, mas é crucial que ele seja representativo. Playtests têm de ser capazes de experimentar todos os elementos de um jogo de aprendizagem.

Tabela 8-1 – Exemplos de Conteúdo Para um Protótipo Útil

Meta de Aprendizagem	Conteúdo Mínimo Necessário para a Criação do Protótipo do Jogo
Que representantes de vendas da Medical Devices Inc. possam responder de maneira eficiente às objeções dos clientes com relações ao Produto X.	• De três a quatro exemplos de objeções reais ou realistas de clientes, e o contexto no qual tais objeções poderão ocorrer. • Outras respostas plausíveis, porém, enganosas, para cada exemplo.
Que os funcionários da Retail Wonderland possam implementar um serviço de atendimento ao cliente de seis etapas enquanto auxiliam os clientes.	• Descrição do processo. • De três a quatro exemplos de interações típicas com clientes. • Erros comuns ou pontos problemáticos do processo.

Nos exemplos listados na tabela, a tentativa de criar um protótipo desprovido de conteúdo tornará impossível verificar se a ideia para o jogo irá funcionar com o conteúdo que ainda precisa ser incluído, tampouco se ele ajudará as pessoas a aprenderem o que de fato é necessário. E o mesmo problema será enfrentado independentemente de quais sejam os tópicos e/ou objetivos do jogo. O risco em não contar com um conteúdo de aprendizagem desde o início é desenhar um conceito interessante – e até apaixonar-se por ele –, apenas para descobrir posteriormente que o conteúdo final tornará sua ideia chata e ineficaz.

Passo 2: faça um *brainstorm* do objetivo e da dinâmica central do jogo

Uma vez que a equipe esteja reunida, revise os objetivos de aprendizagem que devem ser atingidos com o jogo, então faça um *brainstorm* para definir o objetivo em potencial: decida que desafios os jogadores terão de superar ou que metas eles terão de atingir; em seguida, estabeleça o que eles terão de fazer para alcançar o objetivo ou superar o desafio. Isso representa a dinâmica central do seu jogo – que, aliás, funcionará melhor se sustentar a tarefa cognitiva ou o comportamento funcional que deseja garantir por parte dos jogadores.

Veja a seguir algumas dinâmicas centrais que funcionam bem com jogos de aprendizagem, e que se alinham com objetivos de aprendizagem cognitivos comuns encontrados na maioria das organizações. (Veja novamente o **Capítulo 1** para mais informações a respeito de dinâmica centrais.)

- **Corrida até a linha de chegada:** Essa dinâmica central cultiva a ideia de competição, portanto, se desejar encorajar um comportamento colaborativo ou cooperativo, evite-a.
- **Alinhamento:** Se tiver metas de aprendizagem relacionadas a "aprender" ou "executar" determinados processos, essa dinâmica é uma boa opção.
- **Coleta:** A coleta oferece oportunidades para que o jogador demonstre conhecimentos e relembre objetivos; para que se aplique pensamentos de primeira ordem, como: analisar e avaliar. Essa dinâmica central é eficiente se os objetivos incluírem os verbos escolher, interpretar ou analisar.
- **Exploração:** Sozinha ela pode não alcançar um objetivo de aprendizagem, mas funciona bem em conjunto com outra que sustente um obje-

tivo, como a de coleta, quando seus objetivos incluem os verbos escolher, interpretar ou analisar. Neste caso, os jogadores exploram uma variedade de opções e caso escolham a alternativa correta, coletam algo de que precisam. Em geral essa dinâmica é usada também com a corrida até a chegada.

Evite gastar mais de 20 minutos para decidir o objetivo e a dinâmica central de um jogo. Você poderá refinar essas decisões posteriormente enquanto executa outros passos do processo. A chave está em tomar uma decisão e iniciar o trabalho.

Passo 3: escolha um tema ou uma história

Uma vez que tenha surgido o objetivo do jogo, talvez você perceba o aparecimento simultâneo de um tema ou de uma história. Um ou outro deverá sustentar o objetivo do jogo – e, talvez, a própria meta de aprendizagem. Com frequência, ambos fluem de maneira conjunta; porém, em outros momentos é possível que não se queira aplicar um tema ou uma história. Por exemplo, o *Scrabble* não possui nenhum dos dois, mas funciona bem como jogo. O desafio de montar palavras já é suficiente.

Escolher um tema ou uma história em geral torna todo o processo de design de criação de protótipo mais fácil. Isso poderá ajudar a nortear suas decisões quanto às regras, à estética e aos elementos do jogo. Um tema também pode ajudar os jogadores a compreenderem melhor o contexto no qual as regras e o aprendizado do jogo devem ser aplicados. Por exemplo, quando optamos por participar de um evento focado na discussão de sérios problemas da comunidade, queríamos explorar a questão da falta de moradias. Acabamos desenvolvendo o tema "*A Paycheck Away*" (a um salário de distância), o que nos levou a tomar muitas outras decisões a respeito do jogo – isso nos ajudou a definir os personagens, os problemas que eles teriam de enfrentar e as decisões que teriam de tomar.

Passo 4: construa um protótipo físico

Uma vez que tenha em mãos uma meta objetivo, uma dinâmica e um tema você já conseguirá construir um protótipo físico para o seu jogo. Na medida do possível, faça-o em escala. Assim, se estiver projetando um jogo de mesa, considere o tamanho que terá o tabuleiro, as cartas e os demais componentes. Se, por outro lado, for um jogo para smartphone, projete o protótipo tendo em mente o menor tamanho de celular possível em que o jogo será utilizado por um jogador.

Conforme você for construindo o modelo perceberá que as decisões sobre as regras e a escolha dos elementos ocorrerão de maneira orgânica. Seu maior desafio será manter-se focado em suas metas de aprendizagem e assegurar que as mecânicas e os elementos se mantenham alinhados – ou pelo menos não entrem em conflito – com seus objetivos. Por exemplo, você certamente não desejará incorporar o quesito sorte ao jogo caso isso não faça parte do contexto real em que os jogadores normalmente irão aplicar os conhecimentos obtidos com ele. Por sua vez, se questões de tempo e orçamento forem problemas reais na vida dos funcionários, encontre um meio de acrescentar elementos ou regras que imitem tais realidades.

De que maneira a meta do jogo, a dinâmica central e o tema se reúnem durante a criação de um protótipo

No jogo de tabuleiro *A Paycheck Away* queríamos ajudar os jogadores a se identificarem emocionalmente com os desafios enfrentados por indivíduos sem-teto. Ou seja, desejávamos que eles percebessem o que significaria estar perigosamente próximo de tal situação ou lutando para superá-la. Não precisávamos de um tema, mas sim de uma história. No início da criação do protótipo investimos cerca de 20 minutos idealizando *persona*s simples para seis personagens que seriam sem-teto no início do jogo, ou estariam a um passo de se tornarem sem-teto (a um salário disso acontecer). Uma vez que tivéssemos finalizado esses personagens seria fácil definir algumas regras e alguns elementos do jogo.

- **Cartas de emprego.** Depois de definirmos os personagens do jogo, pudemos facilmente identificar os tipos de trabalho para os quais eles poderiam se candidatar, considerando sua experiência e seu grau de instrução. Assim, chegamos a empregos como: motorista de caminhão, prestador de serviço, caixa de banco, caixa de loja e trabalhador de armazém.
- **Instruções de receita.** Uma vez que decidimos quanto aos possíveis empregos, foi fácil definir os salários viáveis. Por exemplo, o personagem Willa trabalharia como caixa em uma loja de conveniência por 30 h por semana (assim o empregador não teria de pagar benefícios). O salário provável para Willa seria o mínimo, então foi fácil

estabelecer que a renda familiar de sua família seria de $ 220 por semana, ou $ 880 por mês.
- **Dinheiro de salários, fundo fiduciário ou de outras fontes.** Todos os jogadores começariam com uma certa quantidade de dinheiro, com base no fato de possuírem um emprego, alguma poupança ou receberem algum auxílio do governo.
- **Sorte, na forma de dados ou de eventos aleatórios.** Uma vez que já conhecíamos nossos personagens, incluímos cartas da sorte que revelariam eventos que pudessem acontecer normalmente a qualquer pessoa – como uma criança ficar doente, um carro quebrar, uma disponibilidade num "banco alimentar" ou o encontro de uma carteira. Também representamos os desafios de encontrar moradia ou conseguir um emprego usando dados. Desse modo, se vários jogadores quisessem uma mesma vaga, eles teriam de disputá-la nos dados, ficando com ela aquele que obtivesse o número maior.
- **Opções de moradia na forma de regras.** Jogadores com dinheiro suficiente disponível poderiam obter moradia na Sessão 8, ou então alugar um quarto em um hotel pago semanalmente. Jogadores sem esses fundos teriam de morar nas ruas ou em um abrigo para sem-teto. Porém, esse abrigo é em geral uma opção para um período máximo de 30 dias. Depois disso, os jogadores teriam de jogar os dados novamente para saber se poderiam ou não permanecer ali.
- **Outras regras relevantes.** Para simular as limitações de vida real enfrentadas por pessoas que estão a um salário de se tornarem sem-teto, ou já sem moradia, outras regras importantes incluíam dificuldades de pagar por cuidados específicos relativos a crianças ou de arcar com programas de tratamento para abuso de substâncias, ou ainda a necessidade de encontrar moradia próxima de linhas de ônibus ou de outro meio acessível de transporte público.
- **Colaboração.** Nós tornamos esse jogo um processo cooperativo, não competitivo. Isso significa que ao invés de colocar os jogadores em posições adversas, optamos por fazer com que eles trabalhassem juntos e ajudassem uns aos outros a sair da situação de rua. Essa decisão fazia com que os jogadores se envolvessem nas vidas e nas histórias de todos os personagens.

Passo 5: faça o Play-teste e revise seu protótipo

Um bom protótipo permite que a experiência de jogar seja de fato testada. Neste sentido, é necessário que ele consista em mais do que alguns desenhos representando uma tela ou um tabuleiro – ele precisa ser "jogável". Retorne à **Figura 8-3** e analise o protótipo do jogo para celular *Mad Scientist*. Atente para as peças que criamos e que foram grudadas com fita adesiva para simular jogadas (como os jogadores adicionariam itens aos seus caldeirões, por exemplo), estabelecer o nível do jogo, entre outras coisas. Esses aspectos do protótipo ajudaram os "testadores" do jogo a terem uma ideia de como ele funcionaria e do modo como aconteceriam as interações. Desenhos estáticos não servem a esse propósito. Talvez você ache mais fácil fazer alguns desenhos inicias para ter uma ideia do conceito geral, mas em seguida construa um protótipo que funcione para que possa ter algo para testar.

O **Capítulo 9** discute o processo de play-teste em detalhes, na medida em que outras pessoas começarem a testar a sua ideia. Lembre-se que o primeiro teste do seu protótipo será sempre realizado por você e sua equipe, e só mais tarde outros indivíduos serão convidados a avaliar seu projeto. Nesse primeiro teste interno seu objetivo será o seguinte:

- Se o seu protótipo for para um jogo de mesa, certificar-se de que o jogo de tabuleiro ou de cartas inclua itens físicos com os quais os jogadores possam interagir. Isso poderá significar espaços em um tabuleiro ou tipos específicos de cartas, tais como de "sorte" ou "oportunidade".
- Se o seu protótipo for para um jogo digital, certificar-se de que ele reflita as ações dos jogadores. Por exemplo: se for preciso acionar o "*Play*" para iniciar a ação, tenha a certeza de que o botão "*play*" faz parte do protótipo; se for necessário um movimento lateral (esquerda ou direita) para a escolha de uma opção, tal deslocamento terá de ser representado de algum modo na "tela" do protótipo para se ter certeza de que os jogadores compreenderam o que se espera deles; se ao clicar numa determinada sessão da tela um conjunto de opções tiver de se abrir, seu protótipo precisará imitar tal ação.
- Certificar-se de documentar seu conjunto inicial de mecânicas de jogo. No caso de um jogo de mesa, será preciso escrevê-las para que os testadores possam lê-las antes de começarem a jogar; no caso de um jogo digital, as regras terão de ser transmitidas por meio das ações eventualmente realizadas pelos jogadores, ou de mensagens, pistas ou tutoriais incluídos no próprio jogo.

- Certificar-se de que o conteúdo de aprendizagem funcione bem com a dinâmica central e os elementos do jogo selecionados.
- Chegar a um acordo – pelo menos dentro de sua equipe – quanto ao nível de engajamento durante a "disputa" do "jogo protótipo". Lembre-se de que se a sua equipe não apreciar o processo internamente, haverá grandes chances de que os jogadores externos também não o apreciem.

Depois de testar seu protótipo no formato papel, faça as revisões necessárias antes de convidar outras pessoas para jogá-lo. Isso poderá significar a alteração de algumas regras ou o acréscimo de espaços num tabuleiro. Já no caso de um jogo digital, talvez seja preciso adicionar algumas telas ou criar alguns botões que você não tenha planejado anteriormente.

Como um protótipo muda nos jogos digitais

Os cinco passos mencionados anteriormente delineiam o processo que poderá ser usado tanto para os jogos de mesa quanto para os digitais. Todavia, existem neste segundo caso alguns elementos específicos nos quais você com certeza terá de se concentrar.

- Talvez você precise de várias peças pequenas para simular ações que um jogador normalmente teria de realizar em jogos digitais. Por exemplo, é possível que tenha de criar ícones, botões, barras deslizantes e assim por diante. Também é possível que tenha de considerar telas de *pop-up* especiais que apareçam caso um jogador faça algo errado ou até mesmo um *prompt* que surja se um jogador não souber como prosseguir. É óbvio que você jamais terá esse tipo de interação em um jogo de mesa.
- No lugar do manual de regras que acompanha os jogos de mesa, os jogos digitais geralmente incluem um tutorial que ensina como jogá-los. No que se refere à documentação, embora seja possível documentar as regras do processo de criação do protótipo de um jogo de mesa, um tutorial não será criado no protótipo de um jogo digital. Isso porque somente no play-teste subsequente é que os jogadores poderão ajudá-lo a compreender o tipo de tutorial de que irá precisar (ou o que precisará ser alterado no design para eliminar tutoriais demasiadamente detalhados). Neste sentido, você desejará que os jogadores escolham de modo intuitivo onde clicar, o que selecionar e o que arrastar.

- Protótipos digitais geralmente envolvem um processo de dois passos: primeiro o uso de um protótipo em papel, e em seguida de um protótipo desenvolvido com uma ferramenta digital. Talvez você queira fazer alguns desenhos preliminares de sua primeira ideia antes de começar a construir seu protótipo. Esses desenhos podem ser úteis, mas não substituem o protótipo funcional que as pessoas irão testar. Essa fase intermediária é uma ponte interessante para o desenvolvimento, que permite que alguns gráficos simples sejam incluídos e que a progressão do jogo possa ser simulada.

Sua vez!

A melhor maneira de aprender sobre protótipos é criando-os, assim, veja a seguir um exercício de design para realizar com sua equipe. Talvez você ache que não está pronto para essa tarefa, mas nós acreditamos que a melhor maneira de começar a desenvolver um jogo de aprendizagem é simplesmente começando! E o melhor modo de aprender a projetar um protótipo é projetando. Use o modelo no **Apêndice 5** enquanto trabalha.

Sua tarefa

Crie e play-teste um jogo de aprendizagem. Escolha e crie um jogo de mesa ou digital para tablet ou smartphone. Complete essa tarefa em 2 horas.

Histórico do jogo

- **Tópico do jogo:** construa uma cultura que estimule a fidelização do cliente.
- **Organização para a qual está criando o jogo:** uma pizzaria local que se distingue da concorrência por tentar tornar a experiência de seu cliente fantástica, desde o pedido até o pagamento.
- **Público-alvo:** os garçons, sua linha de frente no fornecimento de serviços; indivíduos com faixa-etária de 19/20 anos, que trabalham meio-período e frequentam universidades locais.
- **Objetivo instrucional:** ao interagir com os clientes, os garçons demonstrarão uma atitude de carinho, ostentando pequenos e consistentes gestos de atenção em relação a eles. Os funcionários encontrarão meios

de surpreender e agradar os clientes durante a experiência. Os objetivos de aprendizagem são:
- Distinguir entre satisfação e fidelidade do cliente, e definir ambos a partir da perspectiva dele (cliente).
- Evitar erros comuns e delinear estratégias para evitá-los.
- Identificar e incorporar uma variedade de comportamentos capazes de criar fidelização no processo de atendimento ao cliente (pelo garçom).

Conteúdo que poderá ser incorporado ao seu protótipo:

Comportamentos que Satisfazem	Comportamentos que Promovem a Fidelização	Erros Comuns a Evitar
• Conhecimento do produto • Anotação correta do pedido	• Exibir atitudes consistentemente agradáveis • Fazer gestos pequenos que demonstram que você percebe o cliente • Ir além do esperado, surpreendendo e agradando o cliente	• Deixar de sorrir; deixar de fazer contato visual; deixar de prestar atenção ao cliente durante toda a experiência (jantar). • Mostrar-se despreparado – por exemplo, desconhecer o "especial do dia" ou não estar familiarizado com o menu. • Não anotar o pedido; não repetir o pedido. • Fazer apenas o que é esperado, mas nada que se revele memorável.

Processo a utilizar

1. Escolha um objetivo de jogo.
2. Selecione uma ou duas entre as dinâmicas a seguir. Seu objetivo de jogo irá ditar quais delas você deverá escolher:
   - Corrida até a chegada. Os jogadores poderão competir uns contra os outros, ou contra um timer, tentando atender ao maior número de clientes possível.
   - Aquisição de território. Os jogadores poderão ter de conquistar território – mesas dentro de um restaurante –, demonstrando a mentalidade de "atendimento ao cliente" adequada.
   - Coleta. Os jogadores poderão ter de coletar gorjetas em um pote, com base em seu desempenho no jogo. O jogador com mais gorjetas no final vence.

- Alinhamento. Os jogadores poderão ter de preencher todas as mesas numa ordem específica.
3. Determine se você deseja incluir um tema ou uma história.
4. Decida se o jogo será cooperativo, competitivo ou uma mistura de ambos.
5. Crie um protótipo em papel. Defina sua mecânica de jogo (as regras, o modo como o movimento acontecerá, a maneira como o território será conquistado e assim por diante). Considere os elementos que deverão ser incluídos no jogo (recursos, recompensas, estratégias, sorte etc.)
6. Play-teste. (Veja o **Capítulo 9** para detalhes sobre como fazer um protótipo fase 1.)

Para desenvolver esse desafio, modificamos um dos processos contidos no livro *Challenges for Game Designers* (Desafios para designers de jogos), de Brenda Brathwaite e Ian Schreiber (2009). Aliás, se você quiser mais prática na área de design de jogos, esse livro é um ótimo lugar para começar.

Fechamento

Protótipos economizam tempo e dão a você a oportunidade de testar rapidamente suas ideias para um jogo. Todavia, no caso dos jogos de aprendizagem será preciso incorporar ao protótipo o conteúdo de aprendizado desejado, pois somente assim será possível verificar a eficiência e eficácia do jogo em ajudar as pessoas a aprenderem o referido conteúdo. Lembre-se de que suas ideias no papel passarão por um longo processo de refinamento antes de o desenvolvimento do jogo propriamente dito começar, mas todo o tempo investido no papel economizará tempo e dinheiro mais tarde. O próximo capítulo mostrará como realizar o play-teste do seu protótipo.

CAPÍTULO 9

Play-teste

Neste capítulo
- *O que é um play-teste e como faço um?*
- *Que tipos de play-testes você deverá conduzir?*
- *Como coletar e analisar feedback durante o play-teste?*
- *Exemplos de iteração em design de jogos (protótipo inicial, segunda versão, versão final)*
- *Sua vez!*
- *Guru game play → Oportunidade*

Não importa quanto design e quanto cuidado você tenha investido na criação do seu jogo; também não importa quanto você o tenha jogado. Os verdadeiros feedbacks e insights somente surgirão quando outras pessoas o fizerem, pois, da maneira inevitável, serão elas que encontrarão irregularidades, erros e saltos na lógica – falhas que você simplesmente não percebeu. Como resultado, um dos passos mais importantes no design de um jogo de aprendizagem é conduzir vários play-testes ao longo do processo. A **Figura 9-1** demonstra onde você se encontra no processo de design.

Figure 9-1 – Processo de Design de Jogo de Aprendizagem: Play-Test

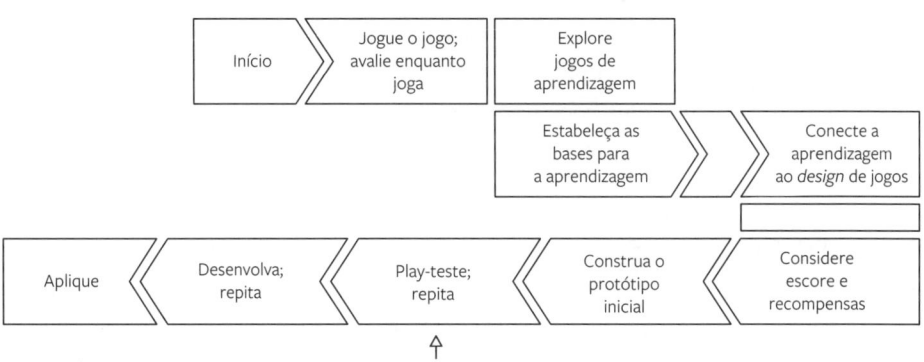

```
Início → Jogue o jogo; avalie enquanto joga → Explore jogos de aprendizagem
→ Estabeleça as bases para a aprendizagem → Conecte a aprendizagem ao design de jogos
Aplique ← Desenvolva; repita ← Play-teste; repita ← Construa o protótipo inicial ← Considere escore e recompensas
                                    ↑
                              Estamos aqui
```

Em um nível elevado, o play-teste não é um teste de usabilidade, de grupo focal, de qualidade ou para revisar o design interno. Trata-se de um teste de "jogabilidade". O objetivo é descobrir como será a experiência dos jogadores. É se fazer as seguintes perguntas: O jogo faz sentido? É fácil de compreender? As regras são fáceis de seguir? Os jogadores se envolvem? O nível de dificuldade é mediano? Ele é completo? Os jogadores aprendem tudo o que deveriam ao jogá-lo? O play-teste é aquilo que você faz para refinar o jogo e torná-lo exatamente do jeito como gostaria, tanto como jogo quanto como solução de aprendizagem.

Desenvolver um jogo de aprendizagem de maneira bem-sucedida é um processo interativo. Do mesmo modo, o play-teste não é algo que se faça apenas uma ou duas vezes, mas várias, refinando-se cada vez mais o jogo e a experiência de aprendizagem. Para um jogo pequeno (um jogo simples de tabuleiro ou um minijogo), você deveria imaginar algo entre quatro a seis horas de play-teste por pessoa envolvida. Para um jogo maior (jogo de tabuleiro mais complexo ou um jogo para celular ou digital completo), será preciso considerar entre 10 e 40 horas de teste por pessoa envolvida no teste, no mínimo. Para jogos maiores, como *Halo* ou *The Sims*, é possível que os designers tenham feito cerca de 3.000 horas de play-teste para se certificarem de que seus jogos iriam de fato funcionar. Pelo fato de você precisar envolver entre quatro e seis testadores, será necessário um mínimo de 16 horas e um máximo de 120 horas de play-teste em seu processo.

Fases de Play-teste

São três as principais fases que terão de ser planejadas. A primeira começará com a versão inaugural do jogo de aprendizagem que você criar – seu protótipo em papel. A segunda fase envolverá o teste com as pessoas de fora do grupo de design. A terceira fase (final) acontecerá com um jogo já praticamente finalizado. Vale lembrar que cada uma dessas fases será composta de diversos rounds de play-testes.

O maior risco aqui será o de tornar o processo de play-teste curto demais. Durante todo o tempo será preciso descobrir o que funciona bem e onde residem os problemas. Quanto mais você testar, mais limpo e refinado será seu jogo final. Vejamos o que deveria acontecer a cada fase do teste.

1. Teste de conceito

Durante essa fase você e a equipe de design utilizam o protótipo inicial para jogar o jogo, discutir sobre o design e avaliá-lo (**Figura 9-2**). Esse é o momento de trabalhar no sentido de aprimorar o design inicial. À medida que se joga, é preciso permitir que as pessoas modifiquem as mecânicas e os elementos durante o jogo – aliás, deve-se encorajá-las a fazê-lo! O material aqui deve ser o mais básico: papel, preferencialmente.

Figura 9-2 – Primeiro Play-teste de um Jogo para Celular

Quando o jogo terminar, peça a todos os jogadores que avaliem a experiência (atribuindo-lhe uma nota) e ofereçam sugestões quanto a possíveis melhorias e mudanças. Documente quaisquer decisões tomadas no sentido de alterar aspectos do jogo. Se o jogo for digital, talvez você decida criar um protótipo digital e então realizar um novo play-teste antes de investir na programação.

2. Faça o Play-teste com pessoas fora da equipe

Antes de testar seu jogo com pessoas de fora, jogue-o novamente como uma equipe interna para atestar que as mudanças realizadas durante a fase 1 tenham funcionado conforme o planejado. Uma vez que o jogo esteja de acordo com os padrões estabelecidos por sua equipe de design siga para a fase 2, dessa vez em busca de novas perspectivas por parte de indivíduos extrínsecos ao grupo anterior, e composto de cinco ou seis pessoas que representem seu público-alvo. Lembre-se: depender de apenas um representante pode ser arriscado. Com a opinião de apenas uma pessoa você achará difícil discernir se o feedback dela é suficiente para representar o que pensa a maioria dos membros. Em contrapartida, com um grupo de cinco ou seis pessoas, desde que seja representativo, será possível vislumbrar a maioria dos problemas (Nielsen 2000). Se estiver criando esse jogo para um cliente, dentro ou fora de sua organização, você precisará incluir o gerente de projetos dele (ou outra pessoa indicada por ele) nesse processo.

Durante o teste da fase 2 você deverá contar com uma versão razoável daquilo que imagina como "visão final" dos componentes do jogo, embora ele ainda não esteja finalizado. (Para um jogo digital, é provável que você não tenha uma versão completamente terminada.) Você deverá buscar por informações quanto à estética, regras, placar, grau de complexidade e valor de aprendizagem de várias atividades. Também é provável que você não tenha todos os níveis já construídos, pois ainda está reunindo feedbacks que nortearão decisões de design. Você também não tem toda a estética nem todas as regras do jogo definidas, mas já dispõem do suficiente para que os jogadores forneçam feedback significativo sobre o jogo de modo geral e as experiências de aprendizagem (**Figura 9-3**).

Figure 9-3 – Aplicando Play-teste num Jogo de Aprendizagem

Vale ressaltar que a fase 2 do teste precisa ser mais estruturada e formal que a fase 1. Neste sentido, será preciso programar o play-teste e contar com uma agenda contendo um calendário. Nele serão estabelecidos o formato e as regras para o teste, para o jogo e para a condução de um debriefing pós-play. No decorrer desse capítulo será delineado o processo de play-teste, assim como as perguntas que terão de ser feitas durante o debriefing.

3. Versão beta do Play-teste com o público-alvo

O teste Beta poderá envolver várias repetições do seu jogo, ou somente uma. O número de testes Beta dependerá do escopo e da complexidade do seu jogo. Para um jogo simples do tipo de mesa isso poderá significar que uma única sessão-piloto de qualquer solução de aprendizagem será incorporada em seu jogo. Para um jogo digital, talvez você precise de várias repetições antes de chegar à versão final; nesse caso é possível que necessite testar dúzias de jogadores, simular uma variedade de browsers e dispositivos, além de vários outros aspectos técnicos.

Nesse ponto, seus testadores devem refletir de maneira completa seu público-alvo, e não seus amistosos colegas. Afinal, você precisará que esses testadores sejam inquestionavelmente objetivos. Esse grupo deverá representar as pessoas que de fato terão de aprender o conteúdo do jogo, de outro modo eles poderão avaliar negativamente o jogo apenas porque o conteúdo não lhes pareceu suficientemente relevante ou interessante.

O teste Beta deverá ser realizado com um grupo praticamente completo; a versão deverá parecer pronta, sem nenhuma característica faltando, pois você precisará que os jogadores se concentrem em jogar, não em partes isoladas, em gráficos ou em pequenas distrações. Talvez você ainda tenha alguns elementos não finalizados enquanto espera pelo feedback final, mas o jogo deverá estar praticamente pronto.

E mesmo que nem todas as peças em desenvolvimento ou programação estejam terminadas é possível ser bastante inteligente em relação ao teste Beta. Karl, por exemplo, supervisionou o desenvolvimento de um jogo complexo criado no software Unity. Esse jogo permite a animação e interação em 3D. Programar totalmente o tutorial antes do feedback final teria saído caro se posteriormente fossem necessárias grandes mudanças, então a equipe de Karl criou um tutorial no formato de slides, em PowerPoint, que contava com várias ramificações. Esse tutorial foi usado como versão Beta e descreveu a navegação. Depois do teste, a equipe incorporou as mudanças efetuadas no PowerPoint ao tutorial final que ainda seria programado.

Depois da experiência nos testes, acontecerá o debriefing, serão tomadas as decisões pertinentes e feitas as mudanças necessárias. Nessa altura, talvez você já tenha investido tempo e esforços substanciais no design e no desenvolvimento do jogo e, portanto, não esteja tão aberto a sugestões como deveria nesse ponto. Por outro lado, é provável que você seja suficientemente cuidadoso e saiba distinguir entre ajustes menores ou inconsequentes e sugestões que de fato farão grandes e reais diferenças. O mais importante é certificar-se de que o jogo alcance os objetivos de aprendizagem e ofereça os resultados desejados.

Moldando o Play-teste para os testadores

Ao administrar um teste, seja qual for a fase, tenha em mente alguns itens importantes:

- Informe aos testadores sobre o "usuário típico" desse jogo; transmita-lhes um "histórico relevante" sobre o que o público-alvo deverá saber em termos de informações e/ou atitudes. Dê aos testadores contexto suficiente para que entendam como e onde o jogo será usado.
- Não compartilhe qualquer informação antes que tenham a oportunidade de jogar, a menos que planeje compartilhar essa mesma informação (e da mesma maneira) com o verdadeiro público-alvo. Isso faz parte do play-teste. Seus jogadores conseguem "compreender" sem que você explique a eles como funciona o jogo?
- Diga a eles o que esperar. Por exemplo, "Esse jogo irá demorar entre 15-20 minutos, e então será seguido de um conjunto de P&R."
- Enfatize a necessidade de os testadores pensarem em voz alta enquanto jogam. Você quer escutar os pensamentos deles. Coisas do tipo: "isso é muito confuso", "não entendo essas regras" ou ainda "eu fico imaginando o que aconteceria se eu fizesse essa escolha...". Todos esses pensamentos são úteis quando ditos em voz alta.
- Sente no banco de trás durante o teste e fique em silêncio, tanto quanto possível. Ajude os jogadores se estes ficarem empacados, mas tente limitar suas interações com os jogadores durante o jogo. Se precisar ajudá-los, anote em que situações isso aconteceu para que possa resolver a questão mais tarde.

- Interrompa o jogo depois de 20 minutos e conclua a experiência com perguntas e um debriefing.
- Mantenha um diário de play-teste ou um diário que documente os resultados de cada play-teste. Anote todas as decisões que fizer a respeito das mudanças.

Coletando feedback

Durante o processo de play-teste, você coleta informações e determina o que funciona e o que precisa ser ajustado. Um processo sistemático de tomada de decisão ajuda a evitar alterações no jogo feitas com base nas decisões e opiniões de uma única pessoa.

Aqui vão quatro maneiras de coletar dados de um play-teste. Apesar de alguns dos processos a seguir serem baseados em opiniões, a coleta de pensamentos de múltiplas pessoas ajuda a identificar problemas reais. Ouvir o mesmo comentário repetidas vezes poderá sugerir uma questão crítica. Preste atenção também em comentários que validam preocupações que você teve quando começou o processo de teste.

Observação

Atentar para a interação dos jogadores com o espaço do jogo e as regras é algo crucial. Com um protótipo em papel é possível testemunhar a confusão ou a incerteza por parte dos competidores, assim como o modo como eles interpretam as regras ou se movem pelo jogo. Se o jogo for *multiplayer*, é possível observar a maneira como eles interagem entre si e como isso afeta o jogo e o aprendizado.

Com os jogos digitais, várias ferramentas de software podem rastrear toques-chave ou o tempo que um jogador gasta com o dedo sobre um botão ou numa área em particular, e até mesmo oferecer um "*heat map*" (mapa de calor de interação), ou seja, uma visão das áreas em que o jogador se aventurou no jogo. Isso é especialmente útil para o teste da fase 2. Esses tipos de programas de software podem ser úteis para rastrear o que um jogador decide fazer dentro do jogo e mostrar pontos onde o competidor se confunde com os direcionamentos, a navegação ou o próprio design da interface. O UserTesting.com é um exemplo de site que permite que você teste um aplicativo digital ou uma experiência na web. Testes feitos nesse site permitem que um indivíduo especifique o número de testadores que deseja, as tarefas específicas que deseja que eles realizem e quaisquer perguntas pós-teste que decida fazer. O interessado recebe então um vídeo que permite que ele assista exatamente o que os testadores fizeram e como eles reagiram ao jogo.

Pense em voz alta

Enquanto a observação é algo fantástico para determinar onde os jogadores foram dentro do jogo e o que eles fizeram ali, isso não pode dizer o que eles estavam pensando durante o processo. Em especial nos testes iniciais, é preciso combinar observação a um pedido para que os jogadores "pensem em voz alta" enquanto jogam. Uma vez que as impressões e as emoções dos jogadores são importantes no design e no próprio ato de jogar o jogo de aprendizagem, é útil saber o que os jogadores estão pensando enquanto participam do jogo.

Essa técnica de pensar em voz alta é simples. Os jogadores articulam em cada estágio do jogo o que eles estão pensando. Por exemplo, um jogador lê uma regra e então diz: "esta regra faz sentido para mim porque ela explica o que fazer caso eu obtiver dois números iguais" ou "eu me sinto confusa com esta regra. Não sei o que fazer agora." À medida que os jogadores pensam em voz alta, seu trabalho é capturar esse feedback. Se eles ficarem quietos demais, você precisará lembrá-los de continuar a falar. Os insights desses jogadores poderão ajudar a modificar o jogo, tornando-o mais eficaz e efetivo. Além disso, você descobrirá se aquilo que planejou que ocorresse no jogo de fato aconteceu.

A maior parte dos softwares que possibilitam testes de usabilidade permitem que os testadores gravem a si mesmos jogando e pensando em voz alta enquanto executam as tarefas que o teste especifica. Ao assistir e ouvir as gravações é possível identificar pontos de confusão em seu jogo e, ao mesmo tempo, descobrir o que o jogador gosta e não gosta sobre ele.

Entrevistas pós Play-teste

Pedir às pessoas que reflitam sobre suas experiências de jogo e aprendizagem, seja de forma verbal ou escrita, é uma boa maneira de obter informações a respeito do que elas sentiram, e de uma maneira bastante ponderada. Enquanto a narrativa em voz alta acontece enquanto os jogadores jogam, a entrevista ocorre depois do evento, quando a equipe de design pede a eles que respondam a perguntas relacionadas à experiência, assim como o que eles eles aprenderam com o jogo. Isso funciona melhor quando o processo é guiado por uma série de questões preestabelecidas (veja uma amostra na sequência deste capítulo). Você então poderá codificar as respostas e revisá-las, o que lhe permitirá determinar temas comuns. Essa entrevista também oferecerá uma oportunidade de ir mais fundo nas impressões e na própria experiência de jogo.

Pré e pós-teste

Cria-se um jogo de aprendizagem para ajudar as pessoas a aprenderem. Porém, com frequência, durante o play-teste os designers de jogos avaliam a eficácia desse aprendizado ainda de maneira superficial. Assim, além de perguntar aos jogadores o que eles aprenderam na entrevista pós play-teste, reúna mais evidências concretas do que eles de fato assimilaram. Uma boa ideia é testar o conhecimento com um teste básico antes de os jogadores iniciarem o jogo e então administrar outro teste depois que eles finalizarem o jogo. Isso ajudará a mensurar o aprendizado.

Analisando os resultados de um Play-teste

Independentemente de como você coletar os dados durante o play-teste, será importante analisá-los cuidadosamente. No desenvolvimento de jogos, é fácil ter problemas com o seu próprio jogo e sentir-se bastante desconfortável quando outra pessoa criticar o trabalho desenvolvido. Em vez disso, você deverá estar pronto para receber feedback e promover os ajustes necessários. Isso começa justamente pela quantificação de informações, tanto quanto possível. Utilize uma escala de cinco a sete pontos para listar reações, respostas em códigos e, se for viável, gravar as reações dos jogadores para rever de modo objetivo o que aconteceu em um determinado momento do jogo. Se planejar usar uma escala de pontos, chegue a um consenso prévio quanto a um escore aceitável antes do play-teste. Por exemplo, no quesito engajamento com a experiência, geralmente queremos que os jogadores avaliem um jogo com pelo menos 4 pontos (em 5 possíveis). Se a média ficar abaixo disso e não conseguirmos atingir nosso objetivo, estará clara a necessidade de continuarmos trabalhando no jogo para aprimorarmos o fator engajamento.

Porém, embora os comentários dos testadores se revelem uma fonte riquíssima de feedback, nem todo retorno é igualmente válido. Projetar um jogo de aprendizagem e ajustar o jogo com base em feedback é tanto uma arte quanto uma ciência. É preciso verificar os comentários dos testadores dentro de um contexto geral que englobe tanto a experiência dos jogadores quanto os objetivos da equipe de designers e de todos os maiores interessados no processo. Você também terá de considerar os feedbacks em relação a outras mudanças que talvez já tenha feito em razão de outro round de play-testes. Por exemplo, talvez você tenha incluído uma regra para atingir mais facilmente um objetivo de aprendizagem específico que não estava sendo alcançado em versões anteriores. Os testes mostram que a regra funciona, mas, de repente, um testador lhe diz que não gosta dessa nova regra. O que você faz agora? Bem, se essa regra oferece o resultado desejado, talvez você escolha ignorar esse feedback em particular. Afinal, o custo de se fazer ajustes adicionais pode não valer o tempo que terá de ser investido para explorar novas opções.

Então, quando uma mudança deverá ser feita ou não? Esse é uma aspecto-chave ao se analisar os resultados dos play-testes. Seria o comentário de um testador menos importante ou ele de fato inclui algo bastante verdadeiro? Como designer do jogo você terá de decidir quais feedbacks irá considerar ou ignorar. Veja a seguir três exemplos sobre os quais será preciso reagir:

- Há consenso por parte de todos os testadores de que um elemento do jogo ou da mecânica não está funcionando. Um consenso é geralmente uma boa oportunidade para se reavaliar algo inadequado no jogo.
- As médias de pontuação em um elemento – como engajamento, valor de aprendizagem, clareza ou equilíbrio – são mais baixas do que você gostaria.
- Você observa um jogador fazendo algo que não estava previsto, mas que exercerá um impacto sobre a eficácia do jogo como experiência de aprendizagem. Pelo fato de ter apenas cinco ou seis pessoas testando, se um evento importante e não intencionado acontece, vale a pena retestá-lo para ver se é possível replicar o mesmo problema e então fazer alguma mudança para evitar que aconteça novamente. Por exemplo, talvez uma pessoa tenha interpretado incorretamente as instruções e, com isso, provocado uma situação de falha, o que, por sua vez, gerou um relatório incorreto sobre uma competência com o material de aprendizagem. Pode valer a pena encontrar um meio de tornar essa instrução mais clara – ou de forçar a leitura de um tutorial antes do início do jogo – para impedir que as pessoas falhem por falta de conhecimento do jogo, não do conteúdo ensinado.

Perguntas a fazer aos testadores

Naturalmente, quando pensamos nas entrevistas com testadores, assim como nos feedbacks que eles nos fornecem, queremos nos concentrar nas perguntas que irão obter as informações desejadas para aprimorarmos o jogo. Embora seja tentador criar uma lista gigante de perguntas em um play-teste, as questões a seguir oferecem uma boa quantidade de retorno construtivo que poderá ser utilizado como base para futuras iterações do jogo.

Que palavra melhor descreve sua experiência de jogo? Essa pergunta nos oferece uma avaliação rápida da experiência enquanto força o jogador a condensar toda sua experiência em uma única expressão. Tal condensação poderá fornecer informações relacionadas ao sentimento e à experiência de jogar. Observe os agrupamentos que se formam em torno de determinadas palavras ou expressões e compare os grupos aos resultados esperados. Se eles estiverem muito distantes entre si será preciso reconfigurar a experiência.

O que você aprendeu? Essa pergunta poderá suscitar o que o aprendiz acha que aprendeu com o jogo. Compare as respostas com aquilo que eles de fato deveriam ter aprendido. Se o aprendizado não aconteceu é porque o jogo não funcionou, independentemente de quão envolvente ou fantástico os jogadores possam tê-lo considerado. É crucial fazer com que os jogadores digam o que eles aprenderam nas palavras deles para que você possa comparar os objetivos de aprendizagem com os resultados dos testes realizados antes e depois do jogo. Você também poderá apresentar as metas de aprendizagem aos jogadores e pedir a eles que avaliem quão efetivo o jogo se mostrou em ajudá-los a alcançar esses objetivos. Considere utilizar uma escala de um a cinco, onde um é o nível mais baixo e cinco é o mais elevado.

Quão envolvente foi o jogo? Para chegar ao âmago dessa questão, pergunte aos jogadores para avaliar o jogo usando uma escala de um a cinco. Isso é importante porque se os jogadores não se sentirem envolvidos será difícil para eles aprenderem, negando assim o valor do jogo em termos de aprendizagem. Durante o jogo, você não quer que o jogador se distancie de sua meta e não assimile nada.

Seu nível de engajamento mudou (aumentou ou diminuiu) em algum ponto do jogo? Se isso aconteceu, por quê? Você desejará saber se o nível de envolvimento dos jogadores mudou em algum momento. É natural que isso aconteça, portanto, isso não significa necessariamente um mal sinal logo de início, mas, como designer, é preciso saber quando essas mudanças acontecem. Por exemplo, pode haver um elemento de jogo que pareça confuso, uma regra que precisa ser alterada ou aprimorada, ou alguma outra parte do jogo que precisa de ajuste para maximizar a experiência. Por outro lado, o jogo pode começar devagar e então se tornar mais excitante para os jogadores. Você desejará avaliar tudo isso para determinar se – e como – precisará ajustar o objetivo, a dinâmica central, as mecânicas ou algum outro elemento. Ouvir de maneira cuidadosa e analisar as informações obtidas são coisas que poderão ajudá-lo a decidir se algo precisa de mudança.

O que – se houve alguma coisa – você considerou confuso ou difícil de compreender enquanto jogava? Encoraje os testadores a explicar suas respostas. Você quer saber se as regras foram claras e realistas para o aprendizado. Então, não aceite apenas algo com "As regras estavam confusas". Você precisa de informações detalhadas. Mesmo num bom jogo podem haver confusões quanto à forma de jogar. Seu trabalho é descobrir se essa confusão por parte dos jogadores exige alguma de você. Tal situação afetou o aprendizado e o envolvimento? Se este não for o caso, talvez a opção seja não fazer nada. Essa confusão se limitou a um só jogador ou vários reportaram a mesma sensação? Essa informação é importante para se comparar com a atividade de falar em voz alta. Descubra se os aprendizes se lembram dos momentos em que ficaram empacados ou se sentiram frustrados. Talvez você também queira perguntar a eles se teriam alguma sugestão, para que possa acrescentar regras capazes de melhorar o jogo ou eliminar as que pareçam sem sentido.

Qual, em suas próprias palavras, era o objetivo de aprendizagem do jogo? A resposta para essa pergunta pode ser reveladora. Se os testadores apresentarem algo muito distante da realidade, talvez seja necessário mudar drasticamente o design do jogo.

Que informação você gostaria de possuir ao jogar o jogo? Às vezes os designers de jogos de aprendizagem estão tão envolvidos no processo que acabam se esquecendo de alguma coisa óbvia. Por exemplo, eles podem assumir que o jogador possua algum conhecimento prévio, quando eles de fato não o têm. Assim, essa pergunta poderá ajudar a identificar algum dado faltante nas regras ou na descrição de como jogar.

Existiu algo que você não gostou no jogo? O quê? É bem provável que você não altere todo o seu jogo pelo fato de alguém não gostar de uma parte específica dele. Porém, o apontamento de pontos problemáticos ou falhas antes da liberação do jogo para além dos grupos-teste poderá evitar maiores contratempos, além de garantir-lhe o tempo necessário para a correção de eventuais problemas que possam não ser apreciados por grupos maiores de jogadores.

O Play-teste em ação

Vejamos como o jogo *A Paycheck Away* se desenvolveu com base nas fases de play-teste descritas anteriormente neste capítulo. Nesse exemplo, o jogo contava com quatro rounds de play-teste do início ao fim. Em cada um deles acrescentamos de maneira progressiva um maior número de pessoas ao processo. Mais informações sobre esse jogo serão compartilhadas no **Capítulo 11**, como uma maneira de demonstrar estratégias de implementação que irão maximizar o sucesso do seu jogo de aprendizagem.

1. Teste o protótipo

O objetivo de aprendizagem do jogo foi ajudar as pessoas a aprenderem a velocidade com a qual um trabalhador pode se tornar um sem-teto, assim como os desafios envolvidos em sair dessa situação. Para vencer, todos os jogadores teriam de estar em moradias permanentes depois de um período de três meses no jogo. O jogo original foi desenhado para que cada jogador experimentasse uma "semana" imaginária do jogo (de um total de 12). Todavia, isso fez com que o jogo se tornasse muito longo, com muitas rodadas, mas o play-teste nos permitiu identificar esse problema.

Como demonstrado na **Figura 9-4**, criamos o primeiro protótipo em uma folha de papel de 216 por 279 mm. Os componentes do nosso jogo incluíam um tabuleiro feito em PowerPoint e cartões e papeletas feitas em Word, assim como notinhas de dinheiro emprestadas do *Monopoly* para servirem de moeda para os nossos jogadores.

Figura 9-4 – Protótipo Inicial de *A Paycheck Away*

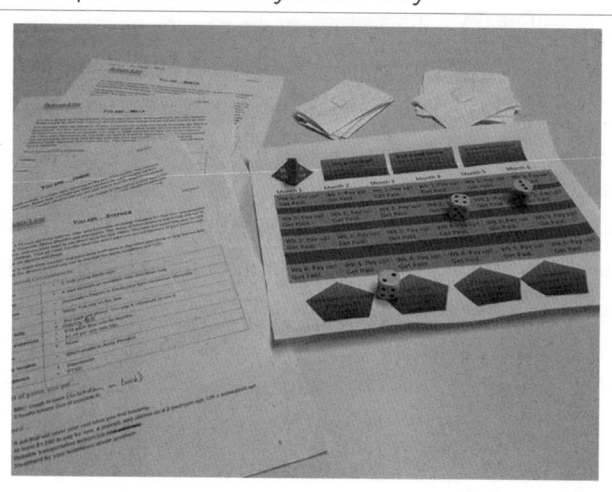

Nosso play-teste inicial reuniu os quatro membros da equipe de design. Jogamos durante 20 minutos e discutimos nossas ideias enquanto o fazíamos. Em seguida analisamos tudo e fizemos um *brainstorm* de todas as mudanças que teriam de ter realizadas antes de repetirmos a experiência que incluiria gráficos e componentes do jogo em tamanho apropriado (**Figura 9-5**).

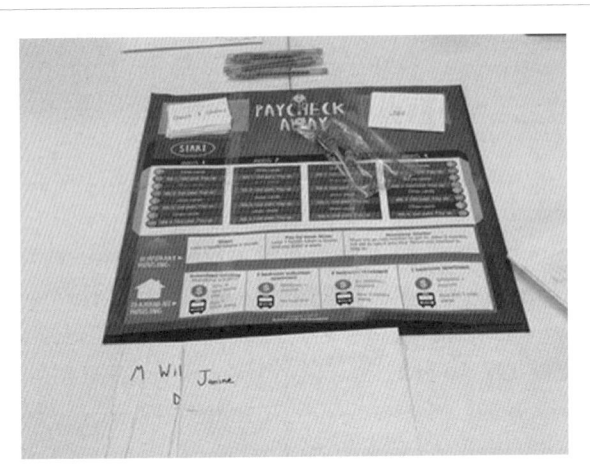

Figura 9-5 – Uma Versão Intermediária de *A Paycheck Away*

Aqui estão quatro exemplos do que aprendemos e modificamos com base em nosso play-teste:

- **A duração era longa demais; as pessoas ficavam entediadas quando não era sua vez de jogar.** O problema nesse caso era a regra para o início de cada rodada. A solução foi envolver todos os jogadores em cada uma delas e, ao mesmo tempo, fazer com que a cada round todos avançassem uma semana no jogo. Depois de quatro rodadas, todos estariam no final de um mês já sem moradia ou quase sem-teto, dependendo do papel desempenhado.
- **Manter o controle do placar mentalmente era muito difícil; ter de fazê-lo em caráter semanal consumia tempo demais.** No jogo, o dinheiro muda de mãos com frequência e os jogadores têm de pagar contas. Nossa solução para manter esse controle foi incluir uma folha de controle de orçamento. Já para reduzir o tempo envolvido nesse controle, mudamos o sistema de pagamento para que este ocorresse duas vezes por mês, em vez de semanalmente.

- **Se vários jogadores quisessem um mesmo emprego, queríamos que apenas um deles pudesse obtê-lo, pois isso refletiria a vida real.** Nossa solução foi incorporar o uso do dado, assim, aquele que conseguisse o maior número ficaria com a vaga.
- **Precisávamos de um jeito de mostrar quão variável a receita de um garçom poderia ser, e que permitisse que as pessoas pudessem calcular rapidamente quanto teriam adquirido num período de duas semanas.** Decidimos pagar os salários a cada duas semanas; também fizemos com que as pessoas pagassem suas contas a cada quinze dias. No que se refere às gorjetas, nossa solução foi fazer com que as pessoas usassem os dados para descobrir quanto arrecadariam. Os números variáveis demonstrariam os altos e baixos comuns nesse tipo de trabalho.

2. Convide colegas do trabalho para jogar o jogo

No próximo round do play-teste, convidamos colegas da Bootom-Line Performance que não faziam parte da equipe de design para nos dar feedback. Imprimimos uma versão com um tabuleiro em peças e então as grudamos com fita adesiva. Em seguida nós observamos os funcionários jogando e, depois que terminaram, conduzimos uma entrevista. Fizemos ajustes adicionais nas regras para torná-las mais claras. Houve muita confusão com o que se poderia fazer com uma "carta da sorte" ou "carta de emprego" que seria sacada durante a partida. Reconhecemos também a necessidade da figura de um "mestre do jogo", a quem os jogadores poderiam se referir ao longo do jogo. Os jogadores também nos disseram que a organização do próprio tabuleiro parecia um pouco confusa, o que dificultava identificar o local onde as "fichas" teriam de ser colocadas.

3. Traga as pessoas de fora

Depois que modificamos o jogo mais uma vez, chegou a hora de convidarmos pessoas de fora para testá-lo. Chamamos os membros da Central Indiana Chapter, hoje parte da Association for Talent Development (ATD), para realizarmos um play-teste. Nessa ocasião, contamos com 15 jogadores divididos em três grupos, e cada membro da nossa equipe de design observou um deles. No final, a líder da equipe, Sharon, utilizou um conjunto de perguntas predefinidas para realizar um debriefing com um grupo de focalização. Por causa do grande número de jogadores, utilizamos o método *round-robin* para a entrevista. Pedimos a cada participante que estabelecesse um ranking numérico para o engajamento e elaborasse sobre sua lógica. Conforme seguíamos em frente, o jogador seguinte estabelecia seu próprio ranking. Se o próximo testador concordasse com o raciocínio anterior, apenas indicava a concordância; se tivesse um comentário único, o acrescentava.

O feedback dos participantes foi bastante positivo, mas ainda assim tivemos de fazer algumas mudanças. Um exemplo foi a maneira como os personagens dos jogadores foram apresentados: cada um tinha um cartão que explicava que papel desempenharia no jogo, assim como dados importantes sobre ele/ela. Quando o jogo começava os jogadores se apresentavam e compartilhavam seu histórico, porém, na medida em que o jogo progredia todos tinham dificuldades em lembrar os detalhes e perdiam muito tempo buscando essas informações nos cartões. Nossa solução foi criar cartões de duas faces com os dados-chave – nome, situação, renda e desafios. Problema resolvido!

4. Versão final

A **Figura 9-6** mostra o evento de lançamento de *A Paycheck Away*. O jogo incluía componentes finalizados de maneira mais sofisticada: um tabuleiro, cartões de personagens, notas de dinheiro, fichas, cartões de duas faces e cartas de jogo. Os custos de impressão – embora descontados, uma vez que o jogo foi desenhado *pro bono* para o Dayspring Center, um abrigo para sem-teto – ainda excederam U$ 1.500. Os plays-testes realizados com materiais baratos nos economizaram muito dinheiro e asseguraram uma ótima experiência de jogo e aprendizagem para 150 jogadores que apareceram para participar do evento.

Figura 9-6 – Jogando a Versão Final

Sua vez!

Conduzir um play-teste é um processo importante ao se criar um jogo de aprendizagem. Depois de completar a atividade de design do protótipo delineada no último capítulo, não deixe de realizar um play-teste com um grupo composto de quatro a seis indivíduos. Você poderá usar o **Apêndice 7** para nortear o feedback, ou criar seu próprio documento para reunir as informações que considerar importantes para formatar seu jogo.

Guru Game Play → Oportunidade

Para reforçar seu conhecimento no play-teste, acesse o *Game Design Guru* e tente o nível de play-teste. Em pouco tempo estará apto a demonstrar seu conhecimento nesse quesito. Visite www.theknowledgeguru.com/ATDGameDesignGuru e jogue para aprender!

Fechamento

Este capítulo mostrou a você o processo de play-teste durante todo o jogo. Essa fase é crucial para o desenvolvimento de um jogo de aprendizagem eficaz e eficiente. O tempo investido em play-testes se traduzirá diretamente nos resultados dos aprendizes, e assegurará que o jogo alcance os objetivos desejados. Seu próximo passo no processo de desenhar um jogo de aprendizagem é passar do design ao desenvolvimento. Em alguns casos, haverá alguma sobreposição de processos, uma vez que eles são iterativos. O próximo capítulo discutirá os tipos de ferramentas que poderão ajudá-lo a criar seu próprio jogo de aprendizagem.

PARTE 4

Desenvolvimento e implementação

CAPÍTULO 10

Considerações no desenvolvimento

Neste capítulo
- *Quem deveria fazer parte de sua equipe de desenvolvimento?*
- *Que ferramentas estão disponíveis para ajudá-lo no desenvolvimento?*
- *Será que a metodologia Agile funciona para o design de jogos?*
- *Com um orçamento limitado, como trabalhar com recursos externos?*

Esperamos até o **Capítulo 10** para discutir o que é necessário para desenvolver um jogo a partir de um ponto de vista tecnológico, mas não deixe que isso seja um indicador de quando você deverá começar a pensar no desenvolvimento (A **Figura 10-1** mostra onde estamos nesse processo.) Desde a primeira reunião da equipe de design, é preciso pensar à frente no desenvolvimento do jogo. Dependendo do tipo de jogo que espera criar (de mesa ou digital), as ferramentas poderão variar desde o *Microsoft Office* e *Adobe* até mecanismos sofisticados de jogos.

Figure 10-1 – Processo de Design de Jogos de Aprendizagem: Desenvolvimento

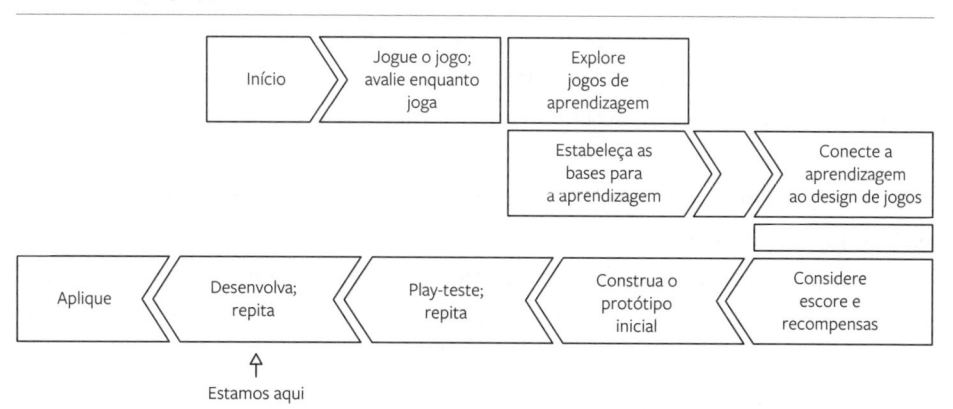

Não seria ótimo criar um protótipo em papel, desenhar o jogo exatamente como deseja e então encontrar a ferramenta e a equipe certas para desenvolver o jogo de aprendizagem dos seus sonhos? Infelizmente isso não acontece com a maioria dos designers de jogos de aprendizagem. Em vez disso, o orçamento e as habilidades que se têm à disposição – assim como as limitações técnicas – são os elementos que irão nortear o tipo de jogo que será criado, e também o modo como ele será desenvolvido.

Considerando-se tal realidade, este capítulo irá explorar as possibilidades e as funcionalidades de várias ferramentas utilizadas no desenvolvimento de jogos. Leia a respeito dessas opções e decida que orçamento e quais habilidades você poderá alocar.

Necessidades em termos de recursos e considerações

Jogos de aprendizagem demandam diversos profissionais, portanto, eles geralmente envolvem o trabalho conjunto de toda uma equipe. Se você puder desempenhar muitos papéis, talvez seja capaz de desenhar de forma bem-sucedida um jogo de mesa ou até mesmo um jogo digital pequeno, que faça parte de uma ferramenta maior de aprendizagem.

Se o seu jogo for maior em magnitude, necessitar de gráficos de alta qualidade e for composto de vários níveis, ou ainda for utilizado como um aplicativo nativo (off-line) você definitivamente precisará de *expertise* externa. Mesmo para o design inicial é difícil trabalhar sozinho. Se este for o caso, considere buscar ajuda dentro da própria empresa de pessoas que gostarem de jogar. Elas poderão ajudá-lo com o design e também com os testes. Também é possível que você encontre apreciadores de jogos em sua casa, entre os amigos e até mesmo em equipes.

É difícil fazer parte de uma equipe de desenvolvimento se não estiver familiarizado com diferentes tipos de jogos. Contar com jogadores experientes no grupo torna o processo de desenvolvimento mais fácil. Cada round do play-teste que você realiza resulta na alteração de alguns aspectos do design do jogo. Os jogadores podem ajudar a avaliar os resultados dos play-testes e definir soluções para os problemas encontrados.

As principais funções listadas na **Tabela 10-1** nos oferecem um bom começo para projetos de jogo com níveis de complexidade variando entre fácil e médio.

Projetos maiores podem contar com mais profissionais, como: um *Product Owner* (PO), técnico de som e designer de nível.

Do lado do cliente, vários profissionais também devem se envolver no processo, incluindo o financiador do projeto, um especialista na área (*SME - Subject Matter Expert*) e uma conexão no departamento de TI da empresa.

O financiador será responsável por patrocinar o projeto, tomar as decisões finais e liberar a versão oficial do jogo. Como designer, você irá assegurar que o patrocinador saiba de tudo o que está acontecendo.

Tabela 10-1 – Profissionais e Responsabilidades de Cada Membro da Equipe de Design

Função e Responsabilidades Principais	Erros a Evitar
Gerente de Projeto • Criar e monitorar planos de trabalho que levem do design até o desenvolvimento • Marcar e facilitar as reuniões da equipe • Documentar e comunicar decisões e status do projeto • Monitorar e comunicar status; resolver problemas que surgirem • Responsabilizar os membros da equipe pela entrega de itens variados e pelo cumprimento das datas estabelecidas; negociar alterações e desafios imprevistos	• Achar que essa função é menos importante que as demais • Achar que alguém sem experiência é capaz de dar conta • Permitir que mais características e funções sejam incluídas no jogo durante o desenvolvimento
Escritor ou Designer Instrucional • Trabalha junto ao cliente para definir a meta instrucional e as metas para a experiência de aprendizagem como um todo, o que inclui o jogo e outros programas relacionados • Identifica objetivos instrucionais específicos para o jogo • Determina os tipos e a quantidade de conteúdo que devem ser incluídos para se atingir os objetivos de aprendizagem • Trabalha junto com os especialistas para reunir informações e escrever o conteúdo do jogo • Checa as decisões incluídas no jogo para assegurar que o aprendizado seja o resultado final. • Desenvolve pré e pós-testes.	• Direcionar o processo de modo que o jogo se concentre demasiadamente no conteúdo, em detrimento da experiência de jogo • Transformar o jogo em uma atividade de aprendizagem, no lugar de um jogo • Adotar uma abordagem demasiadamente linear

Função e Responsabilidades Principais	Erros a Evitar
Designer do Jogo • Assegura que a experiência aconteça na forma de jogo, e não de algum outro tipo de atividade de aprendizagem • Ajuda a escolher as mecânicas e os elementos de jogo mais apropriados • Determina um placar lógico que também esteja alinhado com as necessidades de aprendizagem • Acrescenta insights àquilo que torna o jogo engajador	• Concentrar-se demasiadamente no valor em termos de entretenimento • Perder de vista os resultados de aprendizagem • Desenvolver sistemas de pontuação demasiadamente complexos • Desenvolver regras muitos difíceis de compreender
Artista • É responsável pela estética e pelas sensações provocadas pelo jogo • Cria um tema visual que seja atraente para os jogadores • Assegura uma sensação de consistência ao jogo • Cria a primeira impressão que os jogadores têm do jogo	• Investir tempo demais em arte • Tornar o visual mais realístico do que precisa ser para o jogo • Criar arte que seja muito difícil de reproduzir na impressão (no caso de tabuleiro ou jogo de cartas)
Programador ou Desenvolvedor (para jogos digitais) • Programa ou cria o jogo utilizando as ferramentas de software mais adequadas • Testa o jogo depois das mudanças para assegurar que ele ainda funcione conforme o desejado • Testa diferentes facetas do jogo, como placar, navegação e regras	• Documentar de maneira inadequada códigos e variáveis • Não testar os efeitos de uma alteração ao longo de todo o jogo • Criar códigos demasiadamente complexos • Imaginar que "o jogador jamais fará X" • Cometer erros de programação no algoritmo do placar
Garantia de Qualidade (para Play-testes) • Verifica o fluxo do jogo e a sensação de jogar assim como seus recursos e funcionalidades • Testa os jogos após mudanças para garantir que ainda funciona como desejado • Testa diferentes facetas do jogo, como pontuação, navegação e regras	• Não pensar como o usuário final do jogo • Não testar o jogo em diferentes browsers (no caso de jogos digitais) • Assumir que as regras do jogo estejam corretas ou façam sentido • Não contar com os testadores adequados para testar o jogo numa determinada fase do projeto

O profissional especialista (SME) ajuda a garantir que o jogo se concentre no conteúdo que os jogadores precisam aprender. Contar com mais de um SME para acompanhar o jogo e contribuir com o conteúdo poderá ajudá-lo a desenvolver um quadro mais confiável do que precisa ser aprendido. Durante o desenvolvimento, um SME deve fornecer o conteúdo solicitado pelo designer instrucional e verificar a exatidão desse conteúdo, assim como quaisquer resultados que os jogadores vivenciem por conta de decisões que possam tomar se valendo desse conteúdo. De maneira ideal, um SME compreende e sabe como jogar. Se esse não for o caso, poderão ocorrer demonstrações de resistência e frustração. Por exemplo, uma exigência de um SME foi de que, num jogo de tabuleiro on-line criado para sua empresa, todos os jogadores tivessem necessariamente que "pousar" em todos os quadrados do tabuleiro, pois somente assim ninguém perderia nenhum conteúdo. O problema é que, essencialmente, sem um elemento de sorte (como um peão ou dado) não haveria jogo, apenas uma sequência entre um quadrado e outro. Assim, caso o SME não entenda de design, será preciso evitar que ele forneça material em excesso ou influencie demais nas mecânicas e nos elementos de jogo.

Se estiver desenvolvendo um jogo para qualquer tipo de computador ou dispositivo móvel que esteja fora do seu sistema de gerenciamento de aprendizagem, será necessário envolver no processo alguém do seu departamento de TI, e o mais rápido possível. Antes mesmo de tentar formular o design do jogo, você precisará de instruções e decisões desse profissional sobre as seguintes questões:

- A pontuação do jogo terá de ser enviada para um sistema de administração de conteúdo e aprendizado?
- Os *plug-ins* são suportados pelo browser padrão dentro da empresa?
- Se o jogo for um aplicativo nativo, sua empresa possui uma conta corporativa onde o aplicativo possa ficar hospedado?
- Que nível de auditoria de segurança sua solução terá de transpor?
- Quem será responsável por fazer a manutenção do jogo, responder às perguntas dos usuários e solucionar problemas técnicos após o lançamento?
- Onde ficará hospedado o jogo – em nuvem ou nos servidores de sua empresa? Será necessário um log-in único?

Ferramentas de desenvolvimento

Encontrar as ferramentas adequadas para o seu jogo pode ser uma tarefa difícil. Você poderá optar por uma templates simples, oferecida por muitos fornecedores, ou usar algo como o *PowerPoint*, lançar mão de ferramentas de 3D e linguagem de programação, como Lua, C++, SQL ou Java. Mas é claro que existem dúzias de outras opções.

Compreender o funcionamento dessas várias ferramentas poderá norteá-lo em seus esforços e oferecer-lhe um método de combinar a ferramenta mais adequada com o tipo certo de projeto. A **Tabela 10-2** mostra as várias ferramentas e os jogos que você poderá criar com elas. Cuidado, pois com exceção das ferramentas que não requerem – ou exigem pouco – conhecimento de programação, a curva de aprendizagem será significativa. Se estiver fazendo um projeto de jogo único, e quiser um jogo digital de alta qualidade, sua melhor opção será utilizar um fornecedor externo que possa realizar esse trabalho de desenvolvimento por você.

Tabela 10-2 – Ferramentas de Desenvolvimento para Projetar seu Jogo

Tipo de Ferramenta	Tipos de Jogos	Grau de Conhecimento de Programação Necessário	Amostra de Produtos	Observações
Software para produção de informação	Ramificações básicas; histórias baseadas em texto	Nenhum	*PowerPoint*; *Word*	Demanda habilidade para criar o tipo exato de resultado desejado
Templates	Jogos de combinação; jogos de pergunta e resposta; jogos simples de arrastar e soltar	Nenhum	*Raptivity*; *eLearning Brothers*	Funciona bem com jogos envolvendo perguntas de múltipla escolha. Há ferramentas para aulas ao vivo também.
Plataformas baseadas em jogos	Jogos de *templates* com *back ends* (etapas finais) e opções de customização robustas	Nenhum	*Axonify*; *Knowledge Guru*	Elimina a lacuna entre *templates* de baixa complexidade e mecanismos complexos. Suporta jogos em todos os dispositivos.

Considerações no desenvolvimento

Ferramentas de aplicação para criação e desenvolvimento de conteúdos	Ramificação; jogos de múltipla escolha; jogos de arrastar e soltar	Médio	*Captivate*; produtos *Storyline*	A maioria dos elementos básicos está nessas ferramentas, porém, jogos mais sofisticados demandam habilidades de nível médio a elevado.
Software para criação de jogos	Jogos estilo Arcade; barra de deslizar	Médio	*GameMaker Pro*; *Construct 2*	Capaz de criar jogos robustos se você tiver habilidades de design instrucional. O design instrucional não faz parte das ferramentas de design.
Software para ramificação e simulação	Ramificação sofisticada	Baixo a médio	*Twine*; *SimWriter*	Bom para simulações com multiramificações, apresentando muitos níveis de opções
Ferramentas para resposta de público de sala de aula	Jogos de pergunta e resposta para trabalho em sala; verdadeiro ou falso	Nenhum	Kahoot!; Poll Everywhere	Bom para jogos de pergunta e resposta e para obter feedback imediato da turma
Ferramentas HTML5	Interações sofisticadas; jogos de alocação de recursos	Alto	*JavaScript*; *Phaser*	Necessita de nível elevado de habilidades de programação para que funcione
Software 3D	Jogos para pensar em primeira pessoa; ambiente imersivo	Alto	*Torque 3D*; *Unreal Engine*	Além de habilidades com o software, é preciso possuir conhecimentos na área de modelagem em 3D para criar objetos

Capítulo 10

A metodologia *Agile* e o design de jogos

Independentemente do tipo de ferramenta que você usar, será preciso se valer de uma metodologia de desenvolvimento. Um método com frequência associado a esse processo é o *Agile* (**Figura 10-2**), que, aliás, é bastante escolhido por permitir repetições e alterações rápidas durante as melhorias.

Figura 10-2 – Abordagem *Agile* no Design de Jogos de Aprendizagem

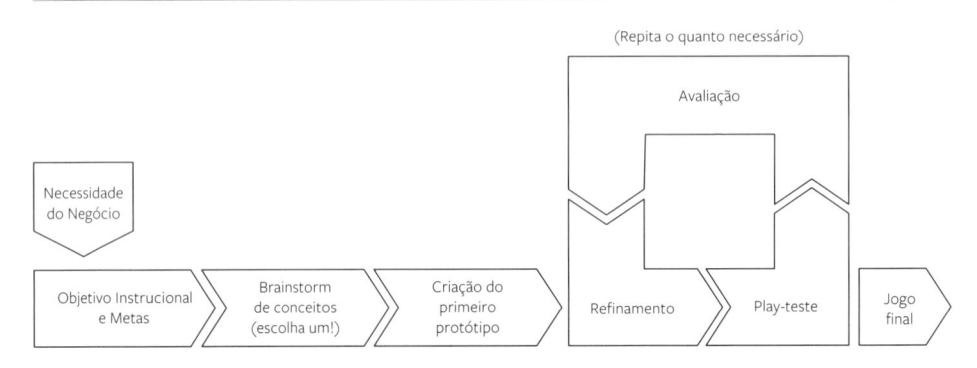

```
                                                    (Repita o quanto necessário)

                                                          Avaliação

  ┌─────────────┐
  │ Necessidade │
  │  do Negócio │
  └─────────────┘

  ┌─────────────┐   ┌─────────────┐   ┌─────────────┐   ┌─────────────┐   ┌─────────────┐   ┌─────────┐
  │  Objetivo   │   │  Brainstorm │   │  Criação do │   │             │   │             │   │  Jogo   │
  │ Instrucional│ > │ de conceitos│ > │   primeiro  │ > │ Refinamento │ > │  Play-teste │ > │  final  │
  │   e Metas   │   │ (escolha um!)│  │   protótipo │   │             │   │             │   │         │
  └─────────────┘   └─────────────┘   └─────────────┘   └─────────────┘   └─────────────┘   └─────────┘
```

O método *Agile* possui variações, mas o processo é essencialmente uma série de "*sprints*", ou seja, de maratonas de trabalho que, em geral, duram entre uma a quatro semanas e resultam numa versão trabalhável do jogo. O *input* necessário para a realização desse processo reúne: o objetivo instrucional, os objetivos de aprendizagem e algum conteúdo relevante que ajude na criação do protótipo. (Os **Capítulos 4** e **5** delinearam essa parte do processo; a porção *Agile* geralmente inicia com o desenvolvimento do protótipo, descrito no **Capítulo 7**.) Depois que desenvolver o protótipo, sua equipe refinará e repetirá os processos, criando uma versão nova e mais sofisticada do jogo. O conceito que norteia o desenvolvimento *Agile* é de que não se refina o design de um jogo até que ele esteja perfeito. Trabalha-se no design do jogo durante todo o seu desenvolvimento, até se chegar a uma versão que vá ao encontro dos objetivos instrucionais e resulte no envolvimento satisfatório por parte do aprendiz.

Depois do processo de prototipação, cria-se uma lista de exigências que deverão constar da versão mínima viável do produto, ou MVP. Essa lista estará naturalmente incompleta, uma vez que ao se começar as fases de desenvolvimento e testes do jogo outras necessidades acabarão sendo descobertas. Sua equipe sempre dará prioridade a essas exigências, integrando-as à próxima versão – ao próximo *sprint*. Quando esse período terminar um novo play-teste acontecerá. E esse processo se repete até que o jogo esteja pronto para ser desenvolvido. Na verdade, o *Agile* é geralmente usado no próprio desenvolvimento do jogo e, de modo geral, os jogos se tornam um pouco diferentes na medida em que vão se aproximando da versão final. Porém, nesse momento, as mudanças já não devem ser drásticas, ocorrendo apenas nas mecânicas subjacentes ou nos elementos do jogo. Assim, cada *sprint* terminará com a liberação (*release*) de uma nova versão do produto; cada iteração terá um pouco mais de funcionalidade e sofisticação, até que se chegue à versão final.

Três ferramentas ajudam a manter um projeto *Agile* em dia: um cronograma de *sprint*; uma lista de inclusões; e um *error log* (registro de erros).

O cronograma de *sprints*

Em geral o processo *Agile* começa com a criação de um cronograma que estabeleça o trabalho a ser realizado em cada *sprint*. Isso fornecerá informações preciosas sobre: o que deverá ser desenvolvido; quanto tempo o projeto irá demorar; o prazo de desenvolvimento; e os compromissos de cada membro da equipe, como os artistas, os desenvolvedores e o responsável pela tarefa. Por exemplo, digamos que demore 5,75 dias para que cinco indivíduos completem a primeira tarefa. Porém, sabe-se que essas pessoas não irão trabalhar nesse projeto em tempo integral. Com o cronograma será possível identificar a quantidade exata de horas que cada um dedicou a esse projeto.

Para resumir, a **Tabela 10-3** mostrará apenas um *sprint*. Vários deles em geral demandam o alcance da versão final de um jogo. Veja que o nosso objetivo aqui não é ensiná-lo sobre o desenvolvimento do método *Agile*, apenas encorajá-lo a adotar algumas de suas ferramentas e de seus conceitos primários. O principal benefício do *Agile* é o seu foco nas pequenas iterações e no conceito de "proteger cada *sprint*", nunca inserindo novos trabalhos dentro dele depois que tiver começado. Isso evita que o projeto emperre e, ao mesmo tempo, permite testes frequentes durante o desenvolvimento. O produto final tende a ser melhor e o processo como um todo mais eficiente.

Se você se envolver na construção de um jogo maior, use o software *Agile* criado especificamente para ajudá-lo com o processo. Se este não for o caso, talvez prefira criar uma lista de itens no *Word* ou usar um software de planilhas. A lista de itens é a reprodução de um cronograma de *sprints* na forma de ordenação de tarefas. Trata-se de uma ferramenta usada para identificar cada ação a ser completada por um membro da equipe durante um *sprint*.

Lista de itens

Tenha em mente que para manter um *sprint* em andamento é crucial não alterar a lista de itens a serem trabalhados dentro dele (**Tabela 10-4**). Em vez disso, o melhor é discutir as novas mudanças no projeto e somente realizá-las antes do início do próximo *sprint*. Se permitir que elas aconteçam durante o *sprint* atual, o caos poderá se estabelecer.

Error log

Uma vez que um *sprint* esteja terminado, será a hora de as pessoas testarem essa versão do jogo para assegurarem que ela funcione conforme o esperado. Se contar com vários testadores e precisar colar vários relatórios, considere oferecer à equipe um método para registrar e rastrear os problemas que forem surgindo. A **Tabela 10-5** mostra uma amostra de *error log*.

Esse é um sistema muito bom para rastrear problemas. Às vezes as soluções já aparecem em *sprints* subsequentes; em outras ocasiões, eles entram em ordem de prioridade. Manter esse tipo de registro é útil, seja na criação de um jogo de mesa ou digital. No caso do primeiro, os erros estão geralmente relacionados à mecânica que não funcionou como o esperado, ou à estética que não teve o apelo desejado junto aos aprendizes. Em um jogo digital, o *log* também pode mostrar esse tipo de problema, além de erros como na função *swipe* (deslizar), por exemplo.

Tabela 10-3 – Exemplo de *Sprint* em Desenvolvimento de Jogos

Release 0.1: Login, Introdução do Jogo, Acesso ao Tipo de Cliente e Planejamento Geral do Projeto	Calendário (semanas)	Pontos (Dias)	Proprietário de Conteúdo	Desenvolvimento	Artista	Escritor	Desenvolvimento
Conduzir reunião de planejamento para refinar histórias de *release*, definir cartas e refinar pontos da história em todos os *sprints*. Planejar as oito primeiras regiões do mapa.	3 (Janeiro, 11-29)	5.75	1.25	1.25	1.3	1	1
Criar planilha de conteúdo para o tipo de cliente		0.5	0.25	0	0	0.25	0
Refinar narrativa de abertura, texto do tutorial e descrição do tipo de cliente		1.5	0	0.25	0	1	0.25
Finalizar design da interface do usuário e criar a arte dos itens e os layouts das telas de login		11	1	3	7	0	0
Planejar todo o mapa do jogo para todas as 40 regiões; identificar todas as construções e sua reutilização. Desenhar o layout de até 8 regiões que possam ser reutilizados de diferentes formas e cores. Selecionar as primeiras figuras no banco de imagens.		6.75	0.5	3	3	0	0.25
Programar login, ações dos jogadores no início do jogo e acessar a grade de clientes		2	0	2	0	0	0
Completar os testes e a integração com o sistema de administração de aprendizagem do cliente.		2	0	2	0	0	0
Conduzir o play-teste do cliente com o *Release* 0.1; identificar revisões.		0.75	0.5	0.25	0	0	0
Subtotal 1		**30.25**	**3.5**	**11.75**	**11.3**	**2.25**	**1.5**

Tabela 10-4 – Exemplo de Lista de Itens

Tarefas (30 de Abril-1 de junho)	Horas	Completado
Portal do jogo implementado (do início ao fim), incluindo vídeos de treinamento de administração de usuários	10	
Cenário 1 revisão de diálogo: rascunho (cliente fornece roteiro)	4	✓
Cenário 1 revisão linear: novo diálogo gerencidor de *quiz*	5	✓
Cenário 1 revisão linear: novo diálogo *quiz* HUD (head-up display)	7	✓
Cenário 1 revisão linear: revisar informações jogo, gerente de cenário, gerente de ação do cenário, novas respostas do *quiz*	11	✓
Cenário 1 revisão linear: revisar NPC (non-player character) e teste do jogador	5	✓
Cenário 1 revisão linear: novas perguntas e respostas do diálogo *quiz* implementado	13	✓
Cenário 1 revisão linear: controles e gatilhos de IA (inteligência artificial)	24	✓
Cena tutorial (7 parte)	32	
Sistema de inventário de documentos do cliente: escolher, pesar, gerar, rastrear coletar, rastrear pontos +/- quando necessário	24	
Sistema de colisão da câmera: prevenir colisões com o muro	9	✓
Ajuda UI (*user interface*/interface do usuário)	8	
Revisões no placar	4	
Horas de Construção	**156**	

Tabela 10-5 – Exemplo de *Error Log*

Quem	Local do Jogo	O que aconteceu	O que deveria acontecer	Problema Reproduzível
Joan	Download da unidade do jogador	Mensagem de erro	Download	
Joan	Entrada de objetivos – as instruções estão no box no alto		Mover para fora da caixa de texto ou permitir que o texto se apague automaticamente quando começar a inserir dados	

Possuir um processo para testar rapidamente e avaliar seu jogo e então fazer as mudanças é algo que irá ajudá-lo a criar o jogo de aprendizagem mais eficiente possível. O processo *Agile* oferece muito em termos de flexibilidade, e ainda permite que sua equipe faça ajustes com base nas reações dos testadores.

Trabalhando com recursos externos

Felizmente você não precisa desenvolver um jogo de aprendizagem sozinho. Se observar com cuidado, verá que existem diversos recursos externos disponíveis. Uma possibilidade que muitos designers instrucionais deixam de considerar é a de fazer parcerias com designers de programa de faculdades locais. Oferecer a universitários a oportunidade de trabalhar em projetos reais pode, com frequência, se revelar uma solução em que ambos os lados saem ganhando. Você economiza dinheiro e os alunos ganham experiência valiosa. Por outro lado, o processo pode se mostrar menos sofisticado do que se fosse feito por uma equipe profissional e os testes de qualidade poderão ser menos rigorosos.

Para aqueles com maior orçamento, ou acesso a empresas especializadas em jogos de aprendizagem, é bom ter em mente que apenas pelo fato de estar terceirizando o trabalho de desenvolvimento isso não significa que você não tenha de se envolver nele. Desenvolvedores externos não conhecerão a cultura ou a infraestrutura técnica de sua companhia. Você precisará se manter bastante envolvido nos play-testes, no design iterativo e também nos *sprints* para assegurar que o jogo vá ao encontro das necessidades da empresa. Se tiver uma paixão especial por design de jogos, talvez queira inclusive fazer parte do *brainstorming* inicial do jogo.

Fechamento

Desenvolver um jogo de aprendizagem pode parecer uma tarefa assustadora. Porém, se abordar o desenvolvimento da forma correta, o processo poderá se tornar mais administrável. Uma vez que conseguir reunir sua equipe e escolher a melhor ferramenta, observar o progresso após cada *sprint* é algo excitante. Cada nova versão aproxima o jogo de ser jogado pelo público-alvo. O próximo capítulo focará na apresentação do seu jogo e na sua "venda" para potenciais aprendizes.

CAPÍTULO 11

Implementando seu jogo

Neste capítulo
- *Que considerações logísticas devem ser feitas?*
- *Qual a maneira mais eficiente de vender a ideia do seu jogo de aprendizagem?*
- *Dois estudos de caso de implementação*

Um jogo de aprendizagem funciona exatamente como qualquer outra solução desenhada para tal propósito. Assim, para que produza resultados, será preciso considerar sua implementação de maneira tão cuidadosa quanto foram o seu design e o seu desenvolvimento (**Figura 11-1**). Não cometa o erro básico de assumir que os usuários ficarão tão curiosos com o jogo que a mera possibilidade de jogá-lo irá atrair sua atenção. Você com certeza precisará de um bom plano de implementação.

Figura 11-1 – Processo de Design de Jogo de Aprendizagem: Implementação

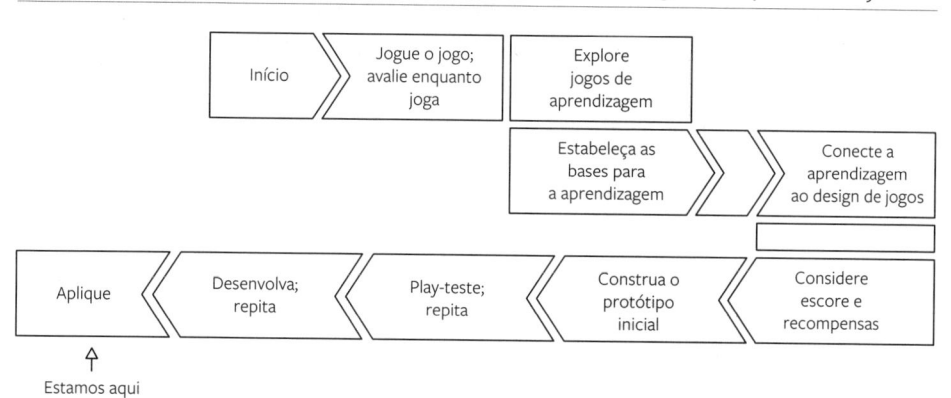

Início	Jogue o jogo; avalie enquanto joga	Explore jogos de aprendizagem
	Estabeleça as bases para a aprendizagem	Conecte a aprendizagem ao design de jogos

Aplique	Desenvolva; repita	Play-teste; repita	Construa o protótipo inicial	Considere escore e recompensas

↑
Estamos aqui

Funcionários de qualquer empresa costumam "proteger" o tempo de que dispõem no ambiente de trabalho. Eles estão sob constante pressão devido aos mais variados compromissos – e-mails, reuniões, prazos apertados etc. – e de toda atenção que eles merecem. Em média, esses indivíduos investem 33,5 horas por ano em treinamentos formais (ATD 2016), o que se traduz em cerca de 5 minutos disponíveis por dia para desenvolvimento profissional (Tauber e Johnson 2014). Pelo fato de o tempo ser um artigo tão precioso, os empregados com frequência observam os treinamentos com certa suspeita. A maioria já vivenciou mais de uma sessão que se revelou a mais absoluta perda de tempo.

Independentemente de focar nessa ou naquela estatística, todas indicam que para que as pessoas joguem o jogo, é preciso criar um plano de implementação abrangente que inclua dois elementos primários: um plano logístico e uma estratégia de marketing e comunicação. Na sequência daremos uma olhada em cada um deles.

Plano logístico

Ao preparar um plano de implementação, designers de jogos de aprendizagem tendem a se concentrar em logística. Entretanto, eles com frequência subestimam todos os elementos que integram um plano abrangente. Neste sentido, ao pensar no seu jogo faz-se necessário considerar não apenas o "quem", mas também o "o quê", o "quando", o "onde" e o "como" – e tudo isso numa variedade de áreas. Dependendo do fato de você estar implementando um jogo de mesa ou digital, essas áreas poderão incluir play-testes; facilitação; produção; distribuição e manutenção; uso e o próprio ato de jogar. As **Tabelas 11-1** e **11-2** listam as perguntas que o seu plano de implementação precisará fazer nos casos de jogos de mesa e digitais. Nosso trabalho aqui é prover as perguntas; o seu será o de identificar as respostas dentro de sua situação específica.

Tabela 11-1 – Considerações Logísticas ao Implementar Jogos de Aprendizagem de Mesa

Considerações	Perguntas
Play-teste	• Quem deveria realizar o play-teste do jogo na fase de desenvolvimento? De quantos testadores precisará para os play-testes? (Recomendamos um máximo de quatro a seis, embora você possa optar por um conjunto diferente para cada play-teste.) • Quem irá recrutar os testadores e de que maneira? O que será feito com o feedback conforme o jogo é desenvolvido? • Quantas iterações de play-teste poderão ser incluídas no seu cronograma? • Você mesmo irá pilotar o seu jogo? Após o teste-piloto, quanto tempo haverá para as revisões finais antes do lançamento da versão final? • Onde acontecerão os play-testes? Você deseja registrar os resultados para visualizá-los mais tarde ao fazer modificações no jogo?
Produção do Jogo, Manutenção, Estocagem e Envio	• Que materiais terão de ser criados, ordenados, empacotados e enviados? Você precisará de tabuleiros, fichas, dinheirinho, pinos, cartas e outros acessórios? Como os conseguirá? • Você precisará de material impresso? Onde eles serão feitos? • Você precisará reunir e organizar os jogos? Quem fará isso? • De que maneira os componentes do jogo serão empacotados para que fiquem organizados e próximos uns dos outros? • Onde serão guardados os jogos e materiais finalizados? • Quanto tempo de antecedência será necessário para criar, ordenar e empacotar os jogos? • Se os jogos precisarem ser despachados, quanto tempo será necessário para enviá-los? (Dica: considere o prazo de envio.)
Uso Pretendido	• Qual será o uso do seu jogo? De que maneira outras decisões refletirão esse uso? • Ele fará parte de um workshop, no qual as instruções e o *setup* estarão incorporados no guia do líder? • Seria algum tipo de ferramenta de *coaching* para pequenos grupos, no qual as instruções e o *setup* precisarão estar incluídos nos materiais do jogo? • Você está fornecendo instruções suficientes conforme o uso pretendido?

Considerações	Perguntas
Facilitação do Jogo	• Seu jogo será parte de um workshop ou treinamento? • Quem será o facilitador do jogo, você mesmo, outro profissional de L&D (Learning & Development), um SME (talvez com pouca experiência como facilitador, principalmente na área de jogos)? • Como esse facilitador será preparado para iniciar e explicar o jogo? Você conduzirá uma sessão para treinar os facilitadores ou terá de criar um guia capaz de ajudar essas pessoas? Com base na data do evento, quando os facilitadores terão de ser preparados? (Lembre-se: se isso acontecer muito antes do evento eles esquecerão tudo; em contrapartida, com pouca antecedência, eles poderão se sentirão pressionados.) • Que tipo de guia você precisará criar? Quem irá escrevê-lo? De que maneira ele será produzido e empacotado? • De que modo você assegurará que o facilitador compreenda o design de aprendizagem e o modo de jogar? • Como você poderá assegurar que haja tempo suficiente para que o jogo seja organizado, jogado e discutido? Suas instruções são claras o suficiente para que, dentro do tempo que possui, todos os três elementos (setup, jogo e *debrief*) sejam cobertos? • Você está oferecendo instruções claras do que fazer caso o facilitador fique sem tempo?
Instruções	• Como as pessoas aprenderão como jogar? • Os jogadores lerão as regras do jogo em um manual? • O facilitador explicará as regras? • Você criará um vídeotutorial?

Tabela 11-2 – Considerações Logísticas ao Implementar Jogos de Aprendizagem Digitais

Considerações	Perguntas
Teste do Sistema e Play-teste	• Quem irá criar e implementar seus planos para testar a usabilidade e a jogabilidade? • Como serão feitos os testes? Se for um jogo de celular, que ferramenta será usada para distribuir cada lançamento do seu aplicativo para teste? (Na Bottom-Line Performance, usamos uma ferramenta chamada HockeyApp, que nos permite imitar condições reais de uso.) De quanto tempo você precisará para testar e repetir? • Quantas repetições e play-testes conseguirá incluir em seu cronograma? • Você mesmo pilotará seu jogo? Como será seu plano-piloto? Quantas versões você pilotará antes de lançar a versão 1.0? De quanto tempo precisará para o processo-piloto? • Onde o teste acontecerá? • Você usará algum tipo de software para rastrear os resultados do play-teste?

Implementando seu jogo

Considerações	Perguntas
Distribuição e Manutenção do Jogo	• De que maneira você distribuirá o jogo: por meio de um sistema de gestão de aprendizagem (LMS)? On-line? Por um aplicativo nativo (off-line)? • Se quiser usar um app off-line, precisará puxar os escores para um LMS? Se este for o caso, como o fará? • Se for um aplicativo da web, que browsers terá de suportar? Quem fará a manutenção do jogo e solucionará eventuais problemas levantados após o lançamento? • Se for um aplicativo nativo, que mecanismos e sistema operacional precisará suportar? Quem fará a manutenção do jogo e solucionará eventuais problemas após o lançamento? • Se estiver produzindo um aplicativo nativo, já foi considerado quanto tempo será necessário para que o jogo seja disponibilizado no *Google Play* ou *App Store*? (Vale lembrar que a Apple geralmente leva bem mais tempo que o Google. Considere cerca de duas semanas para isso.) • Existe um plano para fazer o upgrade ou a atualização do jogo com o passar do tempo?
Uso Pretendido	• Qual o uso pretendido do jogo? De que maneira outras decisões refletirão esse uso? • Seu jogo faz parte de um evento? Se este for o caso, quando espera que os jogadores o joguem – todos ao mesmo tempo ou sozinhos durante o dia? Você terá de considerar a disponibilidade de Wi-Fi? Você terá disponibilidade de banda larga para todos os jogadores? • Se o jogo fizer parte de uma estratégia de aprendizagem informal, como você instituirá o jogo e manterá os jogadores envolvidos? • Você está oferecendo instruções suficientes para atender aos funcionários? O que fará para se certificar de que eles compreenderão o jogo e saberão como jogar?
Facilitação do Jogo	• Como o jogo será apresentado? Os funcionários receberão um link por e-mail? Ele será disponibilizado dentro de uma plataforma LMS? Os gerentes das áreas informarão seus funcionários? • Como será criado tempo de reflexão dentro da experiência do jogo? Haverá algum tipo de *debrief* pós-jogo? O evento será ao vivo e facilitado pelos gerentes? Esse *debrief* consistirá de perguntas de reflexão colocadas depois do jogo? Se for o caso, como essas perguntas serão apresentadas aos jogadores? • Esse jogo representa uma experiência completa de aprendizagem ou fará parte de algo maior, como um evento ao vivo? Se este for o caso, como você referenciará ou reforçará a experiência digital em relação à experiência ao vivo? • Como lidará com a introdução ou o tutorial do jogo? Ele fará parte do jogo ou estará separado? • Quanto tempo você dará aos jogadores para acessarem e terminarem o jogo? Como verificará o progresso deles e oferecerá *prompts* caso eles não consigam acessar o jogo? • Haverá uma consequência caso alguém não jogue? Se este for o caso, qual será e como será imposta a penalidade?

Considerações	Perguntas
Instruções	• Como as pessoas aprenderão como jogar? Você criará tutoriais ou oferecerá instruções explícitas? • Seu teste de usabilidade tem como foco específico assegurar que as pessoas saibam como jogar?

Estratégia de marketing e comunicação

Sua estratégia de marketing e comunicação é a segunda parte do seu plano de implementação. Se o seu jogo é um jogo de mesa que faz parte de um workshop, o foco da sua estratégia deve ser no workshop. Se é um jogo digital, você geralmente está divulgando o jogo em si. Mesmo que o jogo seja digital, lembre-se de que, idealmente, ele fará parte de um currículo maior para máxima eficácia (Sitzmann 2011). Aqui estão algumas sugestões de marketing.

Não faça do seu jogo um item opcional

Em primeiro lugar, ao iniciar o processo de "venda" do jogo dentro de sua empresa, evite usar qualquer tipo de linguagem que sugira que essa ferramenta é opcional, pois, com isso, seu público-alvo – funcionários ocupados – entenderá essa mensagem como: "algo não fundamental". De fato, se o seu jogo for realmente capaz de aprimorar o desempenho dos empregados, considere inclusive torná-lo obrigatório, em especial se os líderes sêniores da companhia concordarem com essa sugestão. A exceção óbvia seria no caso de a empresa comercializar um jogo que as pessoas optem por comprar, ou oferecer um workshop ao qual elas decidam participar. Incluímos no final desse capítulo dois estudos de caso que delineiam o modo como você poderá lidar com essas experiências.

Quando questionamos os usuários de *Knowledge Guru*, descobrimos que as empresas que criaram os jogos *Guru* e "recomendaram" que as pessoas os jogassem tinham pouca participação. Eles tentaram atrair o público pelo quesito "diversão" (lembre-se de nossos alertas sobre isso nos capítulos anteriores!), mas então descobriram que isso era insuficiente para fazer com que as pessoas acreditassem que o jogo seria de fato um bom investimento do seu tempo. A maioria dos empregados faz apenas o que é exigido deles, não o que é opcional. Isso não é uma crítica aos seus funcionários ou colegas, apenas um fato do ambiente de trabalho.

Os clientes do *Knowledge Guru* que tornaram os jogos obrigatórios dentro da solução de aprendizagem descobriram que, em geral, o jogo *Guru* era a parte mais bem avaliada de toda a experiência. Percebemos que a grande maioria dos aprendizes que jogaram o *Guru* de maneira compulsória afirmaram que ele de fato se mostrou altamente eficaz em seu aprendizado. Portanto, a exigência de jogar não será vista como algo negativo em sua solução se a experiência se mostrar valiosa para o público-alvo.

Em segundo lugar, crie uma campanha de comunicação que inclua diversas mensagens curtas e enviadas de várias maneiras diferentes. Ao comunicar-se, fazê-lo uma única vez nunca é o suficiente. Pessoas ligadas ao marketing já descobriram há muito tempo que entre sete e nove mensagens são necessárias para se transmitir uma ideia (Smith 1886), portanto, é preciso que você considere um número similar para fazer com que sua ideia "cole". Veja a seguir várias táticas excelentes a se considerar:

- Cartazes que podem ser pendurados no ambiente de trabalho.
- *Banners* publicados na intranet. Os jogadores poderão clicar neles para acessar o jogo, caso ele esteja hospedado on-line. Caso ele seja um aplicativo disponível no *Goggle Play* ou *App Store*, crie um link para o aplicativo para facilitar o download.
- Uma campanha publicitária em série com mensagens inteligentes enviadas durante um período de dias ou semana, encorajando os funcionários a jogarem ou alertando-os para o fato de que algo legal está prestes a surgir.
- Atualizações semanais por e-mail com o placar e as estatísticas dos jogadores.
- Pequenos incentivos que reconheçam o bom desempenho. Considere incluir o perfil dos jogadores em uma *newsletter* da empresa, na *webpage* ou num e-mail. Você também poderá oferecer pequenos prêmios para os líderes, como cartões-prêmio. O reconhecimento de um líder sênior dentro da organização também pode ser visto como um incentivo.

Estudo de caso de implementação: *A Paycheck Away*

O jogo *A Paycheck Away* foi criado para o evento anual Indianapolis Spirit and Place Festival, que acontece durante 10 dias e conta com um tema diferente a cada ano. Dúzias de eventos são disponibilizados para o público como parte desse festival. Seu objetivo é promover parcerias entre organizações artísticas, sem fins lucrativos e empreendimentos, e usá-las para incentivar discussões na comunidade.

O tema norteia todos os acontecimentos durante o evento. O de 2012, por exemplo, foi *Play* (Jogue), e a Bottom-Line Performance fez uma parceria com um abrigo local para projetar um jogo que ajudasse as pessoas a explorarem o problema da falta de moradia. E para tornar o jogo um grande sucesso, envolvemos nesse processo o Central Indiana Chapter, da Association for Talent Development (CIA-TD). Eles foram os "mestres do jogo", ou seja, os facilitadores que nortearam toda a experiência dos jogadores. O Chapter também nos ajudou a conseguir um local para que o jogo fosse disputado. Não pudemos tornar a participação obrigatória, então precisamos delinear uma estratégia de marketing que atraísse as pessoas para o jogo. Foi assim que conseguimos chamar a atenção do público e oferecer assistência às pessoas uma vez que os participantes estivessem no local.

1. Escrevemos e publicamos um blog educacional chamado "*Games for Change*" (Jogos para transformar), que detalhava todo o processo de criação e desenvolvimento do jogo. Essa série tinha como alvo principal os membros da comunidade Central Indiana L&D. Iniciamos uma série em julho e publicamos quatro postagens entre julho e 15 de novembro, data do evento.
2. Criamos um website usando a URL APaycheckAway.org, onde havia materiais do jogo e amostras pré-lançamento.
3. Criamos uma extensa campanha de mídia social no Twitter, programando em média dois ou três tweets por dia sobre: estar a um salário de ficar sem-teto, a vida sem-teto, o grande evento etc. Para maximizar o alcance de cada envio, criamos uma conta no Twitter apenas para *A Paycheck Away* e então reenviamos usando nossas outras contas nessa plataforma.
4. Contratamos outras mídias locais e enviamos releases de imprensa. Um jornal local fez uma cobertura fantástica do evento.
5. Enviamos informações sobre o evento para os 15 mestres do jogo da CIATD que treinamos, assim como para a equipe da Dayspring Center, o abrigo com o qual fizemos a parceria. Cada um dos voluntários se tornou um representante de marketing para nós e convidou seus amigos e vizinhos para que se tornasse parte do evento.

6. Criamos uma sessão de treinamento para os treinadores. Ela aconteceu duas semanas antes do evento – sem antecedência demasiada ou excessivamente curta. Fizemos com que as pessoas primeiramente jogassem e então praticassem como mestres do jogo. Cuidamos para que os responsáveis tivessem um manual escrito como referência para facilitar a experiência. Também fornecemos a eles uma cópia do jogo para que pudessem praticar antes do evento.

O resultado foi um evento esgotado e avaliado como um dos melhores de todo o festival. Nossa campanha cumpriu com o esperado – atraiu público! A qualidade do design e a habilidade dos facilitadores cuidou de garantir as boas avaliações. Imagens do evento podem ser vistas nas **Figuras 11-2** e **11-3**.

Figura 11-2 – Imagem em *close-up* do tabuleiro de *A Paycheck Away*

Figura 11-3 – Um Mestre de Jogo em *A Paycheck Away*

Estudo de caso de implementação: *Zombie Sales Apocalypse*

O *Zombie Sales Apocalypse* é um jogo projetado para ensinar representantes de vendas sobre o processo de vendas. O jogo possui muitos desafios técnicos em termos de implementação, pois foi criado em Unity 3D. Em síntese, o jogo é uma simulação em ramificação no qual um jogador deve fazer várias escolhas com base em interações com personagens não jogadores. O jogo, que estava sendo lançado para uma grande empresa de seguros, teve sua versão-piloto jogada por um grupo de representantes de venda da companhia. Tivemos de superar vários problemas técnicos e questões internas para assegurar o lançamento do jogo:

- No meio do desenvolvimento, o Google anunciou que o Chrome browser não aceitaria mais *plug-ins*, o que significava que o jogo não poderia mais rodar no Chrome. O conserto de curto prazo foi mudar de browser e utilizar o Internet Explorer até que pudéssemos criar uma versão capaz de rodar no Chrome.

- Quando o Internet Explorer se tornou nossa única opção, tivemos de solicitar ao departamento de TI que permitisse que os jogadores fizessem o download do Unity para Internet Explorer. Essa solicitação causou um enorme atraso, pois os testes de segurança para o *plug-in* na empresa representavam uma tarefa complicada. Foram necessárias semanas até que o *plug-in* finalmente fosse aprovado.
- Enquanto o jogo estava sendo desenvolvido, enfrentamos um dilema: queríamos que os testadores entendessem como jogar o jogo, mas até que chegássemos a um design final, não queríamos gastar tempo e esforços criando um tutorial completo. Nosso compromisso foi criar um tutorial temporário em PowerPoint, que fornecemos aos testadores para que pudessem compreender como jogar e navegar no ambiente. Esse tutorial se mostrou bastante útil e eliminou muitos questionamentos.
- Quando estávamos na fase-piloto do jogo, não tínhamos todas as conexões de software para servir de interface com a LMS do cliente. Tivemos de decidir se alocaríamos nossas habilidades como programadores e nosso tempo para criar essa interface, ou se nos concentraríamos em tornar o jogo o mais eficiente possível. Decidimos que o melhor uso do tempo seria no próprio jogo, mas o cliente ainda precisava de uma indicação dentro do seu LMS. Criamos então um documento em PDF que poderia ser acessado e aberto pelo jogador no LMS (onde tudo seria registrado). O PDF oferecia um link para o jogo, que ficava hospedado em um servidor externo. Isso significou que não precisamos passar por um processo elaborado e ver o software vetado pelo TI e colocado em seus próprios servidores. Essa abordagem em nuvem se mostrou bastante útil.
- Os testadores do segundo round de testes estavam dispersos geograficamente. Precisávamos coletar dados consistentes, então realizamos um pré-teste pelo LMS para verificar o que os representantes já sabiam sobre o processo de vendas. Em seguida pedimos que eles completassem um questionário detalhado sobre o jogo. Coletamos essas informações usando uma ferramenta de pesquisa e então examinamos os dados conforme eles se tornaram disponíveis. Também realizamos um pós-teste utilizando o LMS e mensuramos as mudanças no nível de aprendizagem, que, aliás, se mostraram significativas, tanto em termos estatísticos quanto práticos.

- No que se refere ao marketing, enfrentamos uma batalha complicada, pois o uso de zumbis não é visto geralmente como a abordagem mais apropriada para treinamentos no mundo corporativo. Criamos um documento explicando o valor da fantasia no aprendizado e então desenvolvemos um conjunto de slides para nossos patrocinadores internos promoverem o conceito do jogo junto aos níveis mais altos da gerência. Nossos principais defensores internos programaram visitas individuais com membros da equipe executiva para assegurar que eles compreendessem de que maneira o jogo poderia garantir resultados valiosos, a despeito do tema e da história dos zumbis. O processo de socialização foi um grande sucesso e evitou problemas em torno do conceito dos zumbis no processo de aprendizagem.
- Um elemento inesperado durante a implementação, mas que funcionou a nosso favor, foi o atraso na versão-piloto provocado pelo problema do browser (*plug-in*). A equipe interna estava recrutando testadores e criando certa expectativa em relação ao processo quando o atraso aconteceu. Na época, pelo fato de a equipe estar falando de maneira tão entusiasmada sobre o jogo, o primeiro grupo de testadores não via a hora de jogar. O atraso acabou aumentando ainda mais essa expectativa, o que, combinado ao número limitado de testadores acabou criando um burburinho em torno do jogo. Quando ele foi laçado todo esse barulho contribuiu para a participação de todos.

A superação de todas as questões técnicas e a promoção do jogo junto aos executivos gerou ótima aceitação e ampla utilização de *Zombie Sales Apocalypse*. Vários dos testadores indicaram que o jogo oferecia não apenas uma maneira engajadora e interativa de reforçar o material de vendas, mas também atendia a todas as necessidades educacionais da empresa.

Fechamento

Um plano de implementação sólido considera tanto a logística quanto o marketing do produto. Ele assegura que você esteja pronto para liberar seu jogo de maneira bem-sucedida, e que as pessoas ficarão entusiasmadas em jogá-lo. Você trabalhou duro para projetar e desenvolver seu jogo. Agora, seu plano de implementação é a chave para assegurar que seus esforços sejam plenamente recompensados.

CAPÍTULO 12

Considerações finais

Parabéns! A partir de agora você tem em mãos todo o processo para criar um jogo de aprendizagem eficiente e eficaz. É isso que utilizamos para criar jogos de aprendizagem para nossos clientes. Também é isso o que usamos nos workshops que conduzimos em todo o país e em todo o mundo. Agora você também é capaz de estabelecer um plano e desenvolver seu primeiro jogo de aprendizagem. Com as lições que aprendeu aqui, em pouco tempo você conseguirá criar jogos de alta qualidade.

Como foi possível verificar nos capítulos deste livro, assim como na quantidade de trabalho envolvido, criar um jogo de aprendizagem não é uma tarefa fácil. E mesmo que tenhamos demonstrado todo o processo, é claro que você continuará se deparando com oportunidades de aprender cada vez mais. E não importam quantas vezes nós criemos jogos de aprendizagem, sempre iremos descobrir coisas novas ao longo do processo. Sempre aplicamos todas as nossas habilidades para criar os jogos mais eficazes e eficientes. Você precisa fazer o mesmo! Continue a jogar todos os tipos de jogos e a desenvolver jogos de aprendizagem. Teste-os e revise-os enquanto aprende o que funciona e o que não funciona.

Aproveite o tempo para transformar o ato de jogar em parte de sua rotina semanal. E faça-o não somente como uma forma de entretenimento, mas para fins de estudo e crescimento. Quanto mais variados os jogos que testar, maior sua habilidade de transformar um conceito, uma ideia ou um tópico em um novo jogo de aprendizagem.

Tenha em mente que você não deve criar um jogo de aprendizagem apenas por criar. Em vez disso, certifique-se de que sua criação atenda às necessidades da organização contratante. E jamais se esqueça de que o propósito da aprendizagem é ajudar os jogadores a reforçarem o conhecimento obtido. Esse objetivo deve se manter em primeiro lugar enquanto você estiver desenhando seu jogo.

Desejamos a você toda a sorte do mundo. Divirta-se, mas tenha a certeza de que seus jogos sejam envolventes e levem ao aprendizado!

APÊNDICE 1

Ficha de avaliação de jogos de entretenimento

Qual é o objetivo do jogo?

Que dinâmicas centrais foram utilizadas?

Liste pelos menos 3 mecânicas do jogo

Identifique e descreva os elementos usados no jogo

Estética	Níveis
História	Recursos
Sorte	Recompensas
Conflito	Estratégia
Competição	Tema
Cooperação	Tempo

Apêndice 1

Que feedback obteve do seu desempenho?

Que aspectos desse jogo poderiam inspirar seu jogo de aprendizagem?

Outras observações

APÊNDICE 2

Gabarito da ficha de avaliação de jogos de entretenimento: *Plants x Zombies*

Qual é o objetivo do jogo?		
Proteger sua casa do ataque de zumbis; derrotar os zumbis.		
Que dinâmicas centrais foram utilizadas?		
O jogo combina várias dinâmicas. Coleta e perspicácia são duas delas, particularmente nas fases iniciais do jogo. Você coleta sois, o que lhe permite escolher recursos que o ajudam a ser mais perspicaz e a sobreviver em relação aos zumbis.		
Liste pelos menos 3 mecânicas do jogo		
1. Plantas diferentes possuem capacidades ou poderes distintos. 2. Bônus podem ser usados para derrotar os zumbis. 3. Dar às suas plantas uma porção de alimento garante a elas poderes especiais temporários.		
Identifique e descreva os elementos usados no jogo		
Estética História Sorte **Conflito** **Competição** Cooperação	**Níveis** **Recursos** **Recompensas** **Estratégia** **Tema** **Tempo**	Esse jogo utiliza uma imensa quantidade de elementos de jogos. A estética, incluindo os sons, é realmente divertida. Há uma sensação de enorme conflito ou competição contra os zumbis, à medida que você tenta sobreviver em relação a eles. Você progride ao longo dos níveis, sendo que os estágios iniciais o ajudam a aprender como jogar conforme apresentam novos elementos. Seus recursos aumentam conforme você joga, oferecendo-lhe mais opções. Você é recompensado com frequência, e pode usar de estratégia para decidir como dispor suas plantas. O tema zumbi é excitante. O tempo é um elemento muito importante, pois é preciso sobreviver a eles a cada rodada.

Apêndice 2

Que feedback obteve do seu desempenho?
Ou você derrota os zumbis ou eles derrotam você. Se não os matar, você os verá rumando na sua direção a partir de todos os lados.
Que aspectos desse jogo poderiam inspirar seu jogo de aprendizagem?
Zumbis são sempre um tema divertido! A ideia de precisar escolher recursos para servir de bloqueio também é bem interessante. Os próprios layouts das telas são úteis para estudar e considerar de que maneira você consegue ter uma experiência graficamente rica mesmo em uma tela muito pequena.
Outras observações
Nenhuma

APÊNDICE 3

Ficha de avaliação de jogos de aprendizagem

Qual é o objetivo do jogo?

Qual é a meta instrucional?

Que dinâmicas centrais foram usadas?

Liste pelos menos 3 mecânicas do jogo

Identifique e descreva os elementos usados no jogo

Estética	Níveis	
História	Recursos	
Sorte	Recompensas	
Conflito	Estratégia	
Competição	Tema	
Cooperação	Tempo	

Que feedback obteve do seu desempenho?

Outras observações

APÊNDICE 4

Gabarito da ficha de avaliação de jogos de aprendizagem: *Password Blaster*

Qual é o objetivo do jogo?
O objetivo do jogo é destruir senhas ruins para ganhar tantos pontos quanto possível. Destruir as senhas com o laser é uma experiência envolvente para muitos aprendizes, assim como tentar identificar a senha correta.

Qual é a meta instrucional?
A meta instrucional é distinguir entre senhas fortes e fracas, além de identificar o que torna uma senha forte. Antes de jogar os jogadores recebem instruções que descrevem senhas fracas e fortes. Sempre que um participante faz algo incorreto, o jogo oferece feedback corretivo para ajudá-lo a aprender e identificar corretamente a senha da próxima vez.

Que dinâmicas centrais foram usadas?
Nesse jogo é preciso alinhar um laser à senha incorreta, portanto, a dinâmica central é de alinhamento. Você precisa manobrar o laser uma vez para identificar a senha incorreta e então poderá atirar nela. O jogo se torna mais rápido à medida que for jogando, assim será preciso identificar as senhas cada vez mais rápido. Esse aspecto é envolvente e pode ser divertido para muitos jogadores.

Liste pelos menos 3 mecânicas do jogo?
Você perde pontos se atirar numa senha forte; ganha pontos se atirar numa senha incorreta. Quanto mais rápido destruir senhas fracas, mais pontos ganha. Se destruir uma senha forte ou deixar passar uma senha fraca, perde uma vida. Se perder três vidas, o jogo termina.

Identifique e descreva os elementos usados no jogo		
Estética História **Sorte** Conflito Competição Cooperação	Níveis Recursos Recompensas Estratégia Tema **Tempo**	O elemento tempo é crítico: você só tem tempo suficiente para identificar e atirar na senha incorreta, e o jogo tem um tempo limite. Há o elemento sorte: o jogador não sabe qual tipo de senha será a próxima a surgir. Há também o elemento estético: a aparência e sensação provocada pelo jogo, assim como os elementos do jogo o tornam parecidos com um velho jogo tipo arcade.

Apêndice 4

Que feedback obteve do seu desempenho?
Era possível verificar os pontos ganhos e também quantas vidas restavam.
Outras observações
Nenhuma

APÊNDICE 5

Informação de base para documentação de design de jogos

Necessidade do negócio

Meta instrucional

Depois de jogar esse jogo os aprendizes serão capazes de:

Objetivos de aprendizagem

Para alcançar esses objetivos os aprendizes precisarão estar aptos a:

Apêndice 5

Persona do jogador

Restrições a considerar

APÊNDICE 6

Feed the World: Preparação e Regras

Preparação
- Coloque as cartas de recursos sobre o tabuleiro e sob a tarja "Recursos", para que todos possam vê-las.
- Coloque as cartas de cenário no local designado sobre o tabuleiro (o lado cenário deverá estar voltado para cima).
- Coloque as cartas de inspeção "OSHA" no local marcado "inspetor" (elas deverão estar voltadas para baixo).
- Coloque o marcador de ano no local designado "ano um".
- Coloque as rochas de fosfato na área designada "Banco de Alimento".
- Coloque os sete marcadores de local nos círculos sobre o tabuleiro.
- Coloque a ficha da equipe no primeiro local do tabuleiro.

Jogo
- A primeira pessoa a jogar rola o dado numérico. Isso indicará a quantas situações ela precisará responder.
- O jogador lê uma determinada situação em voz alta e então decide que carta(s) de recurso precisará(ão) ser jogada(s) para responder de forma bem-sucedida à situação:
  – Por exemplo, se a situação é: "Você está prestes a entrar em um espaço confinado para realizar reparos elétricos," então as melhores cartas a jogar são "Processo" e "PPE" (Personal Protective Equipment).
- O jogador então entrega a carta de situação para o jogador à sua direita, que olha na parte de trás e diz se o jogador anterior escolheu o recurso correto ou não.

- O jogador tem de descrever as especificidades para cada recurso exigido:
  - Por exemplo, o jogador poderia descrever que tipo de respirador usar ou que tipo de monitor de respiração levar para aquele espaço.
- A pessoa à direita dele oferece o feedback com base nas respostas na parte de trás das cartas. Se o jogador tiver outra situação a responder, ele o faz.
- O jogador recebe uma rocha de fosfato por cada situação respondida corretamente. Ele coloca a rocha de fosfato na coluna de quadrados acima do ano. (Nota: as rochas não são perdidas quando as respostas são incorretas.)
- Quando os jogadores chegam ao ano três, eles devem responder corretamente tanto ao cenário quanto à pergunta de desafio (que está nas costas da carta) para ganhar uma rocha de fosfato. Mais uma vez, nenhuma rocha é perdida se a resposta for incorreta.
- Depois que a(s) situação(ões) for(em) respondida(s), o jogador joga o dado. Dependendo do resultado ele poderá ganhar ou perder uma rocha de fosfato ou ter de tirar uma carta "MSHA" (Mine Safety and Health Administration) do monte de inspeção. Depois de descobrir o resultado do dado o jogo continua com o próximo jogador, e a ficha da equipe é realocada para o próximo espaço do tabuleiro.
- Dependendo do quão bem-sucedida sua equipe for nas respostas e nos dados, é possível ganhar mais rochas do que o necessário para atingir o objetivo anual. Rochas extras de fosfato são colocadas nos quadrados mais claros na coluna do ano em que sua equipe se encontra.
- A rodada continua até que a equipe tenha visitado todas as sete paradas do tabuleiro. Assim o primeiro ano termina e nenhuma rocha poderá ser ganha para essa coluna. Tem início o ano dois, movendo-se o marcador para a segunda coluna e retornando a ficha para o primeiro quadrado no tabuleiro, no processo entre a mina e o mercado.
- Continue o jogo até que todo o período de 4 anos do jogo esteja finalizado.

Terminando o jogo

O objetivo do jogo é completar os quatro anos, ganhar cada vez mais rochas de fosfato a cada um deles para conseguir alimentar uma população mundial crescente:
- As equipes ganham um ano quando elas atingem ou excedem seus objetivos em rochas de fosfato para aquele ano:
  - Ano um: 5 rochas de fosfato
  - Ano dois: 7 rochas de fosfato
  - Ano três: 9 rochas de fosfato
  - Ano quatro: 12 rochas de fosfato
- A equipe com mais rochas de fosfato entre todas as equipes disputando será considerada a grande campeã.

APÊNDICE 7

Ficha de Play-Teste para jogos de aprendizagem

Perguntas para o Play-teste	
Nome no Jogo	Data do Play-teste
Que palavra melhor descreve sua experiência de jogo?	
O que você aprendeu?	
Quão envolvente foi o jogo? 1 — Não envolvente 2 3 4 5 — Superenvolvente	
Seu nível de envolvimento se alterou em algum ponto durante o jogo (aumentou ou diminuiu)? Se mudou, por quê?	

Apêndice 7

O que, se é que houve alguma coisa, você considerou confuso ou difícil de compreender enquanto jogava?

Qual, em suas palavras, era o objetivo do jogo?

Que informação você gostaria de possuir ao jogar?

Existiu algo de que não gostou no jogo? O quê?

Comentários finais:

Referências

ATD (Association for Talent Development). 2016. *State of the Industry*. Alexandria, VA: ATD Press.

Barton, L.G. 1997. *Quick Flip Questions for Critical Thinking*. San Francisco: Edupress.

Boller, S. 2016. "BLP Partners With Mosaic and Ventana to Win Two Brandon Hall Awards", (a BLP fecha parceria com a Mosaic e a Ventana, e ganha dois Brandon Hall Awards). Bottom-Line Performance, 15 de setembro. Acesse www.bottomlineperformance.com/blp-partners-with-mosaic-and-ventana-to--win-two-brandon-hall-awards

Brathwaite, B. 2012. Games for a Change. 12 de fevereiro. Acesse www.youtube.com/watch?v=y9Z-3mz3j6U

Brathwaite, B., I. Schreiber. 2009. *Challenges for Game Designers: Non-Digital Exercises for Video Game Designers*. Boston: Course Technology.

Cantador, I., J.M. Conde. 2010. "Effects of Competition in Education: A Case Study in an E-Learning Environment." In *Proceedings of the IADIS International Conference for E-Learning*, editado por M. Baptista Nunes e M. McPherson. International Association for Development of the Information Society.

Connolly, T.M., E.A. Boyle, E. MacArthur, T. Hainey, J.M. Boyle. 2012. "A Systematic Literature Review of Empirical Evidence on Computer Games and Serious Games." *Computers & Education* 59: 661-686.

Hays, R.T. 2005. *The Effectiveness of Instructional Games: A Literature Review and Discussion*.

Orlando, FL: Naval Air Warfare Center Training Systems Division.

Kapp, K. 2012. *The Gamification of Learning and Instruction: Game-Based Methods and Strategies for Training and Education*. San Francisco: Pfeiffer; Alexandria, VA: ASTD Press.

Kapp, K., L. Blair, R. Mesch. 2014. *The Gamification of Learning and Instruction Fieldbook: Ideas Into Practice.* San Francisco: John Wiley & Sons; Alexandria, VA: ASTD Press.

Lepper, M.R. 1988. "Motivational Considerations in the Study of Instruction." *Cognition and Instruction* 5(4): 289-309.

Malone, T. 1981. "Toward a Theory of Intrinsically Motivating Instruction." *Cognitive Science* 4: 333-369.

Nielsen, J. 2000. "Why You Only Need to Test with 5 Users." Nielsen Norman Group blog, 19 de março. Acesse www.nngroup.com/articles/why-you-only-need-to-test-with-5-users.

Sitzmann, T. 2011. "A Meta-Analytic Examination of the Instructional Effectiveness of Computer-Based Simulation Games." *Personnel Psychology* 64(2): 489-528.

Smith, T. 1886. *Successful Advertising: Its Secrets Explained.* London: Bazaar Press.

Tauber, T., D. Johnson. 2014. "Meet the Modern Learner (Infographic)." Bersin by Deloitte, 26 de novembro. Acesse www.bersin.com/Practice/Detail.aspx?id=18071.

Werbach, K. n.d. "Gamification." Coursera course. Acesse www.coursera.org/learn/gamification.

Wouters, P., C. van Nimwegen, H. van Oostendorp, E.D. van der Spek. 2013. "A Meta-Analysis of the Cognitive and Motivational Effects of Serious Games." *Journal of Educational Psychology* 105(2): 249-265.

Agradecimentos

Qualquer livro demanda o apoio significativo de várias pessoas. O livro *Jogar para Aprender* é um esforço conjunto. Ambos trouxemos experiências únicas para esse trabalho, e nós dois temos muitas pessoas a quem gostaríamos de agradecer.

De Sharon

Meu marido precisa vir em primeiro lugar. Obrigado, Kirk, por ser solidário e positivo. Por tolerar meu estresse quando o prazo final se aproximava e também por não reclamar cada vez que eu trago para casa uma pilha de novos jogos que eu tanto quero jogar. Agradeço a Steve Boller, Beth Boller e Kaitlyn Boller e Nick Kirshner por sempre estarem dispostos a jogar.

 No âmbito profissional, quero agradecer a todos os meus colegas de equipe na Bottom-Line Performance (BLP), bem como a alguns dos nossos clientes que me permitiram compartilhar os jogos que criamos para eles. O trabalho de toda a equipe da BLP está representado nestas páginas. Embora eu esteja feliz por ser a *product owner* da plataforma *Knowledge Guru*, e do conjunto de aplicativos baseado no game, ela sem dúvida é sustentada por uma equipe talentosa de pessoas incríveis – Brandon Penticuff, Corey Callahan, Jackie Crofts e Bratt Conway –, que aceitam e incrementam minhas ideias, e produzem coisas incríveis a partir delas. Afinal, uma coisa é ter uma ideia; outra é conseguir criar algo com delas.

 No que se refere ao desenvolvimento de um jogo personalizado, cada jogo mostrado aqui foi um esforço da nossa equipe e envolveu muitas pessoas. O *TE Town* foi produzido por um grande e talentoso elenco: Laura Fletcher, Brandon Penticuff, Jackie Crofts, Jackie Lutzke e Corey Callahan. Do lado do cliente, um grande obrigado para Diane Sweeney, que trabalhou duro no sentido de nos garantir a permissão de compartilhar o *TE Town* neste livro. Aliás, também quero agradecer a Josh Kovalich, que tem sido um gerente de projetos incrível do lado da TE, nos guiando e nos provendo com tudo de que precisamos. Ambos tinham uma forte visão de como a solução baseada em jogos poderia beneficiar a TE Conectivity, e nos permitiram fazer essa parceria com eles e transformar essa visão em realidade.

O jogo *A Paycheck Away* foi um trabalho de puro amor para todos os envolvidos, pois foi realizado a título *pro bono*. Colaboraram comigo na produção desse jogo Kristen Hewett, Steve Boller e Matt Kroeger. Já Lori Casson e Cheryl Herzog, do Dayspring Center de Indianapolis, usaram seus conhecimentos sobre moradores de rua, e indivíduos que foram clientes da Dayspring, para nos ajudar a criar um jogo atraente e que promovesse mudanças. Kristen, Matt e Steve também foram fiéis mestres de jogo, voluntariando seu tempo em várias ocasiões. Aliás, a Dayspring inclusive hospedou o evento.

O jogo *Feed the World* foi produzido para a The Mosaic Company. Neste caso, faço um agradecimento especial a Andy McGuire, por trabalhar comigo na obtenção da permissão para que pudéssemos utilizar esse jogo como um exemplo de bom design de jogos de aprendizagem. Obrigado também a Linda Anhalt, a gerente de projeto no treinamento de integração e conformidade de funcionários que incluiu esse jogo. Os membros da equipe que ajudaram a criá-lo foram: Jennifer Bertram, Sarah Owens, Jackie Lutzke, Jackie Crofts e Corey Callahan.

Obrigado a Dow AgroSciences e, em especial, a Marc Fisher e Karla Simpson, pela concessão da permissão para usarmos não apenas a imagem do jogo *Formulation Type Matters*, mas também as informações sobre o jogo. Agradeço ainda a Roche Molecular Systems, por nos garantir permissão para compartilhar informações sobre o *Viropolis*, e a Joni Zurawinski, por nos ajudar a assegurar essa permissão. Meus agradecimentos também a todos os membros da BLP que jogaram e toleraram meu entusiasmo por jogos e minha tendência em tentar transformar qualquer atividade em jogo.

Por fim, agradeço a você, Karl. Você tem sido um parceiro incrível, tanto no processo de escrever esse livro como na facilitação dos workshops sobre esse tema. Como já disse antes, somos como Oscar e Felix, e isso funciona perfeitamente. Desde quando nos encontramos em 2012, você tem sido um parceiro profissional bondoso e se tornou um grande amigo. Eu criaria um jogo com você a qualquer hora.

De Karl

Escrever é simultaneamente um ato de registro e descoberta. Enquanto escrevo, eu aprendo. Gostaria de agradecer às seguintes mentes por contribuírem para o meu conhecimento, começando pela minha família, por minha esposa, Nancy, que é simplesmente maravilhosa. Quero agradecer aos meus dois garotos, Nate e Nick, a quem amo e prezo. À minha mãe, que me ensinou a amar aprender; ao meu falecido pai, que me ensinou o valor do trabalho duro.

Eu gostaria de agradecer também ao pessoal do Departamento de Tecnologia Instrucional da Bloomsburg University. Eu não poderia ter pedido para trabalhar com professores e funcionários melhores, em qualquer outra universidade. Um agradecimento especial aos alunos do programa e a todos os estudantes aos quais tive a honra e o privilégio de ensinar, que, aliás, me ensinaram muito em troca. Afinal, ensinar é uma maravilhosa via de mão dupla.

Um agradecimento especial a Bonni Scepkowsk, sempre tão prestativo; a Jim Kiggens, que transformou o *Zombies Sales Apocalypse* e as minhas visões de jogos de aprendizagem numa realidade; e a Justin Brusino que, juntamente com Caroline Coppel e Jack Harlow, ajudou a dar vida a este livro.

Finalmente, um enorme obrigado a Sharon Boller! Além de uma pessoa fantástica para se trabalhar em conjunto no campo de desenvolvimento de jogos e criação de workshops, o amor que ela tem pelos jogos, seu entusiasmo por esse setor, seu senso de organização e sua vontade de aproveitar minhas tangentes a tornaram uma excelente coautora para esse livro. Obrigado, Sharon, é sempre ótimo trabalhar com você.

Sobre os autores

Sharon Boller

Ela é presidente da Bottom-Line Performance (BLP), empresa que ela mesma fundou em 1995, e que figura pelo segundo ano na lista da Inc. Growing Companies.

Ela é *product owner* (PO) da premiada plataforma *Knowledge Guru*, da BLP, que permite aos usuários criar e distribuir soluções de aprendizagem baseadas em jogos. Essa plataforma ganhou o cobiçado p-rêmio Brandon Hall Gold, de melhor inovação em jogos e tecnologia em 2014.

Vale ressaltar que as soluções geradas a partir dele também amealharam medalhas de ouro e prata para parceiros corporativos. Além disso, a BLP ganhou inúmeros outros prêmios para soluções personalizadas baseadas em jogos, incluindo o Horizon Awards, o LTEN Awards e o Brandon Hall Awards.

Sharon se tornou parceira profissional de Karl Kapp durante o popular workshop *Designing Effective Learning Games for ATD Learn Now* (Projetando Jogos de Aprendizagem Eficazes para o ATD Aprenda Agora) e também pelo *eLearning Guild*. Ela também é autora do *Teamwork Training*, e escreveu um dos capítulos do livro de Karl Kapp, *The Gamification of Learning and Instruction Fieldbook*. Além disso, ela já escreveu numerosos artigos publicações em blogs, e documentos sobre aprendizagem com base em jogos, aprendizado de ciências e ensino de design.

Com frequência Sharon discorre sobre temas relativos à aprendizagem com base em jogos e aprendizado de design, tanto no âmbito local quanto internacional (*eLearning Guild*, ATD, CLO, *Training magazine* e grupos de outros setores). Ela possui mestrado na área de sistemas de tecnologia instrucional pela Universidade de Indiana, nos EUA.

Karl Kapp

Karl Kapp, EdD, é professor, analista, palestrante, especialista em aprendizagem e designer de jogos instrutivos e de gamificação. Ele é Professor em tempo integral de Tecnologia Instrucional pela Universidade de Bloomsburg, onde ensina sobre jogos, gamificação e tecnologias de aprendizagem. Ele é diretor do Instituto Bloomsburg para Tecnologias Interativas, e trabalha com organizações para criar instruções interativas, incluindo jogos, soluções de gamificação, e simulações. O trabalho de Karl explora a pesquisa teórica, as fundações e a aplicação de uma aprendizagem eficaz baseada em jogos.

Karl Kapp já ministrou uma palestra TEDx sobre o tema de jogos, gamificação e inovação na aprendizagem. Karl já trabalhou como assistente de pesquisas para a National Science Foundation, sendo corresponsável pelas subvenções autorizadas para os referidos projetos, ambos relacionados a jogos e simulações. Ele também contou com subsídios para conduzir pesquisas relacionados à gamificação no Health Institute.

Karl é fundador da consultoria educacional e empresa de desenvolvimento de jogos The Wisdom Learning Group, onde presta consultoria a empresas da *Fortune 500*, entidades governamentais e organizações sem fins lucrativos em diversas áreas. Este trabalho inclui o suporte à concepção de estratégias em torno da aprendizagem baseada em tecnologia, aprendizagem baseada em jogos, gamificação, design instrucional e desenvolvimento de estratégias de tecnologia de aprendizagem. Ele é também cofundador da empresa de jogos educativos 2K Learning.

Karl é apaixonado por ensinar e compartilhar seu conhecimento. Por conta disso ele já escreveu ou foi o coautor de meia dúzia de livros, incluindo *The Gamification of Learning and Instruction* e *The Gamification of Learning and Instruction Fieldbook*. Ele também já escreveu vários cursos da Lynda.com, incluindo "*Gamification of Learning*" e "*How to Increase Learner Engagement*." Siga seu blog, que aliás é bastante acessado, em http://karlkapp.com/kapp-notes ou siga-o pelo Twitter, no endereço @kkapp. Baseando-se nas ideias e técnicas contidas neste livro, Sharon e Karl viajaram pelo país conduzindo workshops públicos e privados para muitas organizações. Juntos, eles ajudaram muitas pessoas a criarem jogos de aprendizagem envolventes e eficazes.

DVS EDITORA

www.dvseditora.com.br

GRÁFICA PAYM
Tel. [11] 4392-3344
paym@graficapaym.com.br